北京文博

文 丛
二〇二〇年第二辑

北京市文物局　编

北京燕山出版社
BEIJING YANSHAN PRESS

图书在版编目（CIP）数据

北京文博文丛. 2020. 第2辑 / 祁庆国主编. -- 北

京：北京燕山出版社, 2020.11

ISBN 978-7-5402-5837-5

Ⅰ.①北… Ⅱ.①祁… Ⅲ.①文物工作 – 北京 – 丛刊

②博物馆 – 工作 – 北京 – 丛刊 Ⅳ.①G269.271-55

中国版本图书馆CIP数据核字(2020)第214671号

ISBN 978-7-5402-5837-5

9 787540 258375 >

北京文博文丛·2020·第2辑

出版发行：北京燕山出版社有限公司

社　　址：北京市丰台区东铁匠营苇子坑138号C座

邮　　编：100079

电　　话：86-10-65240430

责任编辑：郭　悦　任　臻

版式设计：肖　晓

印　　刷：北京兰星球彩色印刷有限公司

开　　本：787mm×1092mm　1/16

印　　张：8

字　　数：181千字

版　　次：2020年12月第1版

印　　次：2020年12月第1次印刷

ISBN 978-7-5402-5837-5

定　　价：48.00元

北京文博

2020年第2辑（总100期）

主办单位：北京市文物局

编辑出版：《北京文博》编辑部

北京燕山出版社

网址：http://www.bjmuseumnet.org

邮箱：bjwb1995@126.com

目录 | Contents ||||||||||||||||||||||||||||||||||||||||||||||||||||||||||||||||||||||||||||||||

2019年北京市文物研究所考古成果（一）

博物馆研究

声 明

主　　编：祁庆国

执行主编：韩建识

编辑部主任：高智伟

本辑编辑：韩建识　　陈　倩
　　　　　高智伟　　康乃瑶　　侯海洋

Beijing Cultural Relics and Museums

No. 2, 2020

Organizer: Beijing Municipal Administration Bureau of Cultural Heritage

Edited and Published by the Editorial Department of *Beijing WenBo*, Beijing Yanshan Press

URL:http://www.bjmuseumnet.org

E-mail: bjwb1995@126.com

目录 | Contents ||||||||||||||||||||||||||||||||||||||||||||||||||||||||||||||||||||||||

明初"随驾监局"机构研究

——兼论明初北京官署和行在机构的演变

柳　彤

一、引　言

众所周知，明代宫廷制作金银器的重要机构是银作局，为明代宦官官署二十四衙门中八局之一。据《明太祖实录》记载："洪武三十年（1397）秋七月庚戌……置银作局，掌造内府金银器用。"[①] 除此之外，同属二十四衙门中的内官监、御用监也承办内府金银器物的制作。如洪武二十八年（1395）规定内官监"掌成造婚礼妆奁、冠舄、伞扇、被褥、帐幔、仪仗等项，并内官内使贴黄，一应造作。并宫内器用、首饰、食米、土库、架阁、文书、盐仓、冰窖"[②]。因此，在已出土的明代帝王后妃及贵胄墓随葬品中，有数量众多的金银用器上镌刻了这些监局的名称。值得注意的是，其中少量器物的刻款在监局名称前多了"随驾"二字。如首博馆藏的两件宣德款金器，在它们的铭文中出现"随驾银作局"和"随驾御用监"的名称（图一、图二）。

从现有实物资料看，带有"随驾监局"款识的明代金银器物，主要集中在永、宣时期。这一时期正处于明廷迁都北京前后。随驾，指跟随帝王左右。据文献记载，明成祖在迁都前，出于巡狩北京的需要，曾设置了北京行部和行在六部等机构。永乐十八年（1420）迁都北京后废除，至仁宗即位又复置，历经宣宗朝到英宗朝前期，最终于正统六年（1441）革除。"随驾监局"与行在机

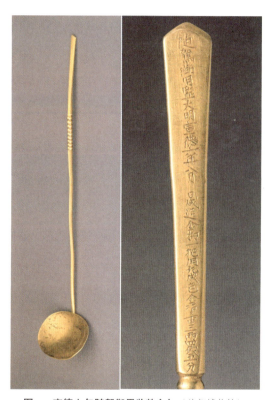

图一　宣德六年随驾御用监款金勺（首都博物馆）

构有着密切关系，并随后者的置废而存销。本文拟从实物入手，结合历史文献和专家学者的论著，研究分析"随驾监局"机构的属性，追踪明初定都北京过程中，北京官署及行在机构的演变，探讨明初曲折迁都的缘由。

二"随驾监局"款识器物

现有的考古资料显示，带有"随驾

图二　宣德九年随驾银作局款錾云凤纹金尊
（首都博物馆）

监局"款识的明代金银器物数量不是很多，分别收藏于首都博物馆和湖北省博物馆（图三、图四、图五）。具体情况如表一：

从表中器物铭文看，这些器物的制作时间集中在永乐、宣德时期，主要制作机构是"随驾银作局"，只有金勺是由"随驾御用监"制作。

三、"随驾监局"机构的由来

（一）御用监与随驾御用监

御用监和银作局都是明宫宦官衙门机构，两者中，御用监的设置时间更早。

据《明太祖实录》记载，朱元璋在吴元年（1367）九月先设置了内使监，后又增设了御用监，品秩皆为正三品③，御用监执掌皇家用度。明初洪武朝，御用监的名称不断发生改变，甚至一度不在官署名称中出现。如：洪武六年（1373）六月初一"御用监改为供奉司，秩从七品，设官五人"④；至洪武二十二年（1389）正月二十九日"罢供奉司"⑤；而在洪武十七年（1384）四月、二十八年（1395）九月以及三十年（1397）七月，宦官机构屡次更定重设，二十四衙门初具雏形，却并无御用监之名⑥。

在《明太祖实录》中，还曾出现过御用司、御用局的名称。它们与御用监是否为同一机构呢？按照这些机构的设立和罢撤时间线作一梳理：吴元年（1367）九月，设御用监，秩三品，各设令一人正三品；洪武二年（1369）八月，定"御马、御用二司，司设正一人、副二人"⑦；洪武三年（1370）九月，"乙巳，命改内使监、御用监秩皆从三品"⑧；洪武六年（1373）六月，改御用监为供奉司，秩从七品；洪武六年（1373）九月，"复置御用局，秩正七品，设司正一人，正七品，司副一人，从七品"⑨；洪武二十二年（1389）正月，罢供奉司。至此，有三点

表一　出土镌刻"随驾监局"款铭金银器统计表（按时间顺序排列）

器物名称	制作时间	铭文	出土地点	收藏单位	资料来源
金锭	永乐十四年（1416）	随驾银作局销镕八成色金五十两重，作头季鼎等，匠人黄关弟，永乐十四年八月□日	湖北钟祥梁庄王墓	湖北省博物馆	《梁庄王墓》，文物出版社，2007年，第38页。
银锭	永乐十八年（1420）	随驾银作局销镕花银五十两重，监销银锭官秉魁，作头徐添保等，匠人计保保，永乐十八年四月_日	湖北钟祥梁庄王墓	湖北省博物馆	《梁庄王墓》，文物出版社，2007年，第38页。
金勺	宣德六年（1431）	随驾御用监大明宣德六年八月_日成造金勺一把，用九成色金，净重二两四钱五分	北京海淀区青龙桥董四墓村明代妃嫔墓	首都博物馆	《北京文物精粹大系·金银器卷》，北京出版社，2004年，图版，第77页。
凤纹金帔坠	宣德七年（1432）	随驾银作局宣德柒年拾贰月内造，柒成色金，壹两玖钱	湖北钟祥梁庄王墓	湖北省博物馆	《梁庄王墓》，文物出版社，2007年，第135页。
錾云凤纹金尊	宣德九年（1434）	随驾银作局宣德玖年玖月内造，捌成伍色金，拾伍两重，外焊伍厘	北京海淀区青龙桥董四墓村明代妃嫔墓	首都博物馆	《北京文物精粹大系·金银器卷》，北京出版社，2004年，图版，第78页。

图三 永乐十四年随驾银作局款金锭拓片
（湖北省博物馆）

图四 永乐十八年随驾银作局款金锭拓片
（湖北省博物馆）

问题要解决：

第一，御用监与御用司的关系。从

图五 宣德七年随驾银作局款凤纹金帔坠
（湖北省博物馆）

上述时间线索看，御用监初设在吴元年，当时官职为正三品，且同时设"御马司，秩正五品，司正正五品、副从五品"⑩。洪武三年御用监品秩降为从三品，说明到此时御用监一直存在。那么洪武二年所定的御马司、御用司二司中，后者为新出现的官署。按洪武朝早期内官官职，各监长官为监令，各司长官为司正，且司的级别低于监。因此御用监与御用司为不同机构，二者并非如有学者所说的"御用监""御用司"应当是洪武时期同一机构的不同名称⑪。

御用监与御用局的关系。洪武六年六月，先改御用监为供奉司，降品秩从七品。同年九月，复置御用局，且秩为正七品，设司正一人，正七品。既然为复置，说明之前有撤销。然而无论《明史》还是《明实录》，均未找到"御用局"这一机构名称，更不知其何时设立，又何时罢撤。另一方面，复置的御用局，按旧制，"局"的长官应设大使一人，而此处，其长官却"设司正一人"，这应是"司"的职官称谓，故本文认为这里的"御用局"实为"御用司"的误写。同时说明，在洪武六年九月以前，"御用司"曾被罢撤过，惜史书中未明确其撤销的具体时间。

监改司后，供奉司存在的时间达16年之久，即自洪武六年六月，到洪武二十二年正月被罢撤。如以洪武三十年为限，24年间，朱元璋屡次更定重设宦官机构，都未再出现"御用监"和"御用司"的名称，说明御用监之名在洪武二十二年后，彻底不复存在了。

随驾御用监的由来，与永、宣时期北京作为行在有关。所谓"行在"，意思就是天子驻跸之地。在《嘉靖癸丑修造南库碑记略》中提到"御用监初立为行在作房，次改御用司，宣德朝更为监，置设公厅"⑫。行在机构在明代出现的时间，应该是永乐六年（1408）。《明实录》载，永乐六年（1408）十二月"甲申，命礼部铸五军都督府、六部、都察院、大理寺、锦衣卫印凡十四颗，印文并加'行在'二字；内府尚膳等监、惜薪等司、兵仗等局印凡十六颗，印文并加'随驾'二字"⑬。同样，在《明宣宗实录》也有记载，宣德元年（1426）六月"（壬午）改御用司为随驾御用监，命行在礼部铸银印给之"⑭。

这样看来，为巡狩北京，明成祖于永乐六年，在北京成立六部官衙，时称"行在六部"。作为随驾而行的官署，同时还设置了"随驾"各监司局等内府机构，但此时没有随驾御用监（司）之名，只有名为"行在作坊"的机构。"行在作坊"改名为御用司，应在永乐六年之后，经洪熙朝至宣德元年才更名为随驾御用监。前表中首都博物馆藏金勺上铭文"随驾御用监大明宣德六年八月_日成造"等文字，佐证了这一史实，反映出直到宣德六年，还在沿用"随驾"监局机构。

御用监从设置到最终确立，可谓历经曲折，而它的职掌范围也较为庞杂。明晚期的《酌中志》一书对此记载最详细："凡御前所用围屏、摆设、器具，皆取办焉。有佛作等事，凡御前安设硬木床、桌、柜、阁及象牙、花梨、白檀、紫檀、乌木、鸂鶒木、双陆、棋子、骨牌、梳栊、螺钿、填漆、雕漆、盘匣、扇柄等件，皆造办之"，同时"掌管武英殿中书承旨所写书籍、画扇，奏进御前。"⑮此外，御用监还负责一些盔甲刀剑等武器的制造，说明御用监是明宫生活中不可或缺的重要部门。

（二）银作局与随驾银作局

银作局的设立没有御用监复杂，按《明实录》记载，此局设置于洪武三十年七月。不过，在《大明会典》卷二百一，有关洪武二十六年（1393）定冠服制度的内容中，多次出现"银作局办"的记述⑯。这二者在时间上的差异，推测可能与明中后期编撰《大明会典》时，抄写早期典制发生疏漏有关，但具体情况与否，尚待进一步研究。

尽管银作局设置时间较晚，但其职能却最专，史料记载，银作局"专管造金银铎针、枝个、桃杖、金银钱、金银豆叶"⑰。从考古发掘看，带监局刻铭的宫廷金银器物，以镌刻"银作局"铭最多。与御用监不同，银作局在永乐六年，明成祖在北京设置行在六部时，就以"随驾"监司局之一，伴君巡狩出行，并随着明廷迁都过程中，北京行在的立废而存销。

根据专家学者对明代内府金银器的梳理资料⑱，可以看到，宣德十年（1435）之后，再没出现过"随驾监局"字样的款铭，"随驾监局"机构在宣德朝之后的消失，意味着明王朝最终定都北京。

四、明初北京官署及行在机构的置废

"随驾监局"机构是明初迁都北京过程中的产物，它与北京官署的演变、北京设立行在机构等密切相关。其中最典型的是北京行部和行在六部等机构的反复置废。

（一）北京行部的置废

永乐元年正月，明成祖朱棣采纳礼部尚书李至刚等建议，下诏改北平为北京。同年二月"设北京留守行后军都督府、北京行部、北京国子监。改北平府为顺天府。……行部置尚书二员、侍郎四员。所属六曹。……革北平布政司、按察司及北平都司等衙门"⑲。并着手筹划将都城由南京迁往北京的事宜。

早在洪武十三年（1380），太祖朱元璋废除中书省，地方行政改由布政使司与按察使司负责。成祖改北平为北京，是为升崇自己的"肇迹之地"，其设立北京行部的目的，按台湾学者徐泓所言：如果北京所属府县仍由布政司、按察司统辖，地位与其他各省相同，无以升崇这个"承运兴王之地"。要提高地位，便得设立一个由中央主政机关分出来，直接代表中央统治北京顺天八府，隆庆、保安二州的行政单位。由于中央主政机关是六部，因此这个单位便称为"北京行部"，意即六部在北京的"行署"⑳。

北京行部是对中央六部官署的模仿——设尚书二人，侍郎四人，并置吏、户、礼、兵、刑、工六曹清吏司，各设郎中、员外郎、主事及照磨、检校、司狱等。品秩同于六部，职掌略同于布政司㉑。《明太宗实录》记载：永乐元年五月，北京行部奏请"依在京六部设司务二员及增拨典吏四名"㉒。可证北京行部是"依在京（都城南京）六部"配制官员的。综上所述，北京的地位得到提升。不过，北京行部依旧是一个省级地方行政机关，与布政司基本相当。据史料记载：永乐七年（1409）正月"北京行部及天下布政司、府、州、县官来朝者千五百四十二人"㉓。是将北京行部与各布政司归为同类机构。

永乐十八年（1420）九月，北京的宫殿将要建成，成祖决定明年正式定北京为京师。这样，北京地区归中央六部直属，称北直隶，已无须再设省一级（布政司）的行政机构，于是，在十一月下令："革北京行部并所属吏、户、礼、兵、刑、工六曹清吏司、照磨所、司狱司，其属官俱调用。"㉔这是北京行部初次被废除。

行部的复置，系永乐二十二年（1424）七月，明成祖朱棣驾崩。太子朱高炽继

位，仁宗"决意复都南京"，于洪熙元年（1425）三月下令"诸司在北京者，悉加'行在'二字，复建北京行部，及行后军都督府"㉕。同年五月，仁宗未及南还而崩。宣宗朱瞻基即位后沿袭旧制，保留了北京行部等地方行政机构。

至宣德三年（1428）行部最终被废。究其原因，一是宣宗时期，北京行部官吏作奸犯科，怠于政务现象严重，如《宣宗实录》所言："科敛无度，假公营私，弊不胜纪""惟行文书以应故事，民之休戚藐不在心。"㉖故而触怒皇帝。二是，宣宗即位，虽未革除北京各部院的"行在"字样，实则仍以北京为京师。行部、行后军都督府与行在机构长期并存，使得"凡五府六部文移合行北京直隶卫所府县者，及直隶卫所府县申达五府六部者，必经行都督府、行部，文移重复，事或稽误"㉗。总之，行部已成为一个多余的机构，它的存在不但不利于政务的推行，反而成为中央与直隶府州县之间的妨碍，因此应予革除。

（二）行在机构的置废

行在机构的设立晚于北京行部，设置的目的与迁都北京有着密切的关系。出于对北边防卫体系的调整，成祖需要自己亲领重兵北征蒙古沙漠，坐镇北疆。于是他筹划把北京提升为南北并重的两京式都城，开始营建宫殿，作为他迁驻北京，进而定北京为京师的过渡准备。

永乐四年（1406）闰七月"丘福等请建北京宫殿以备巡幸"，成祖下诏遣工部尚书宋礼等"督军民采木"，又"命泰宁侯陈圭、北京行部侍郎张思恭督军民匠砖瓦造"，并"征天下诸色匠作……明年五月俱赴北京听役"㉘。

永乐七年（1409）二月，以巡狩为名，成祖迁驻北京，把南京的中央政府交给皇太子朱高炽主持，自己在北京另设一套中央政府机构——行在六部、行在都察院、行在五军都督府等。此前一年，即已命礼部铸六部、都察院、五军都督府等

十四家机构的官印，印文加"行在"二字，同时铸内府十六家监司局印，印文加"随驾"二字。

成祖为巡狩北京，将北京作为行在所，成立上述行在机构，这里面最重要的是行在六部。因为朱元璋废除中书省和丞相，使六部尚书直接对皇帝负责。六部直属于皇帝，主管行政，是对皇权的强化。所以行在六部就是随驾出行时的临时中央权力机构，而随驾监司局衙门则满足了帝王行在处所的生活需要。

从行在机构建立到永乐十九年（1421）定北京为京师的十一年间，朱棣数次巡狩北京。前文《出土镌刻"随驾监局"款铭金银器统计表》中，一枚"永乐十四年八月 随驾银作局销镕"铸制的金锭，反映的就是朱棣在永乐十一年（1413）二月到十四年（1416）九月期间，巡狩北京的事实。成祖这次出巡除监督北京建都工作，还亲征并打败北方蒙古瓦剌军。

行在六部初次废除，在永乐十八年九月："丁亥，上命行在礼部：自明年正月初一日始正北京为师，不称行在。"㉙原行在六部去掉"行在"二字，变成了正式的中央六部；而原来的南京六部地位下降，成为留守南京的官署，"南京衙门皆加'南京'二字"㉚以示区别。与行在机构伴生的随驾监局衙门，也同时取消"随驾"之名，成为正式的内府机关。

待成祖驾崩，仁宗即位，于洪熙元年复置北京行在六部等机构，经宣宗朝，至英宗正统六年（1441）十一月，行在六部等机构最终废除，"改给两京文武衙门印。先是，北京诸衙门皆冠以'行在'字，至是以宫殿成，始去之，而于南京诸衙门增'南京'二字，遂悉改其印"㉛。

在《出土镌刻"随驾监局"款铭金银器统计表》中，有三件宣德年款器物，分别由"随驾御用监"和"随驾银作局"制造。这些内府监局衙门在宣德朝时，再次被冠以"随驾"名称，说明

仁宗复置北京行在机构时，也相应恢复了北京内府监局的"随驾"身份，由此看来，"随驾监局"应该是随着行在机构的最终革除而消失。

五、迁都前后北京行部与行在六部地位的变化

永宣时期，北京行部和行在六部都经过反复置废，它们的地位也在这些过程中发生着改变。前者逐渐削弱，后者则愈加强势。这些变化的发生反映了明政府对迁都北京的态度。

（一）北京行部地位的变化

成祖朱棣建立北京的初衷，是"遵太祖高皇帝中都之制"㉜。"中都"即今安徽凤阳，是朱元璋的老家。为升崇北京的政治地位，设立了北京行部，以统辖原属北平布政司、按察司所属的府县。尽管行部实质依然是一个省级地方行政机关，但在官员的设置上却效仿中央六部，置尚书、侍郎品秩，明显高于一般布政司。以尚书、侍郎来领导，有提高地位、增重事权、方便政务推行的用意。

从北京行部的一般职掌看，与布政司差不多，例如：布政使掌僚属的考察，每"三年，率其府州县正官朝觐京师，以听察典"㉝。行部亦然，其建置满三年之后，即在永乐四年正月"北京行部并天下文武官述职"㉞于京师南京；布政司掌地方"祀典神祇，谨其时祀"㉟。北京行部在永乐元年，"于顺天府别建府社、府稷，令北京行部官以时祭祀"㊱；布政司掌社会救济与天灾蠲赈之事。行部亦然。如永乐元年四月，"北京行部奏广平、顺德等郡饥民万九千三百五十户，凡给米麦万九千九百二十石有奇赈之"㊲等等。因此，宣宗敕谕中就说"尔北京行部，实总畿内之郡邑，以宣政化，以共国用"㊳。

因成祖决议迁都及北征蒙古，则行部又担负了营建北京和运输军需两项特殊职掌。从史料上看，建造北京宫殿都

城项目的具体事务，主要由行部官员操办。《太宗实录》记载，永乐初，刘叔愍任行部工曹员外郎时，"庶务丛脞，而工曹尤甚，凡中外造作材物，率取具焉"㊣。北京行部侍郎张思恭，与泰宁侯陈圭一起"督军民匠砖瓦造"。此外，行部还主持与北京城营建有关的城市给水工程修建。永乐四年，"北京行部言：宛平、昌平二县，西湖景、东牛栏庄及清龙、华家、瓮山三闸水冲决堤岸百六十丈。命发军民修治"㊿。

从永乐八年（1410）开始，成祖"五出三犁"，亲征漠北。北京行部在运输军需方面贡献甚大。如永乐八年正月，"命北京行部尚书郭资率所属民丁万人随军馈运"㊶。同年八月"命北京行部运盐三万斤储怀来以给开平守御将士"㊷。若运输涉及军夫的使用，则由行部与行后军都督府共同办理。如永乐十年（1412）六月，"命北京行后军都督府、北京行部，量拨军夫于宣府万全卫仓，运粟二万石，往开平备军饷"㊸。

总之，在成祖迁都前，北京行部品阶与六部相等，地位相当于中央六部在北京的"行署"。加上战后重建、营建北京与馈运成祖北征军需等特殊职掌，更使北京行部地位超乎一般布政司之上。永乐时期，北京行部有事直接向皇帝上奏，而不向六部报告，六部有事也上奏皇帝，由皇帝命令行部执行。如永乐五年（1407）四月"北京行部言顺天、河间、保定三府属县民饥，命户部速给粮赈之"㊹。又如，永乐十四年（1416）七月，北京军民食盐不足，行在户部上奏皇帝建议"宜令北京行部于长芦盐运司支运"㊺。但是，在永乐十八年废行部后，六部与北京州府县可直接交流，并成常态。洪熙时，行部复置后，其地位不再重要，逐渐演变为公文上呈下达的传令机构，甚至造成"文移重复，事或稽误"的弊端。故复置不过四年即被革除。

（二）行在六部地位的变化

行在六部是为成祖巡狩北京而设立的，其实质就是随驾出行时的临时中央权力机构。行在六部虽然较北京行部晚置，但逐渐夺行部之权，甚至直接向北京行部所属府州县下达命令。如，永乐十二年（1414）八月，"河间府沧州、顺天通州固安县淫雨，宝坻县雨雹伤稼"，成祖闻之，让行在户部"令有司发粟赈之"㊻。当然，行在六部随驾出巡时，留在南京的六部机构照常处理国事。例如，行在六部和北京行部官员的除授，仍然要通过南京吏部进行。永乐八年二月，夏原吉等人提交留守北京事宜的讨论稿"其文选，行在六部、都察院等衙门及北京行部所属衙门如有缺员应除补者，五品以上，行在吏部移咨南京吏部，启皇太子选补六品以下及考满、起复例应升降、复职及对品改用常选官"㊼。说明在成祖迁都前，行在六部的地位要低于南京的六部，总揽国事的还是南京的六部。

永乐十八年后，明政府正式定北京为京师，取消行在六部的"行在"二字，转为正式的六部，而将南京降为陪都，其衙门皆加"南京"二字"。洪熙时，仁宗欲"复都"南京，即原样恢复了行在六部和北京行部等机构。与宣德三年再次废除的北京行部相比，行在六部存在的时间更长久，直到正统六年正式定都北京，才最终被革除。不过，宣、英两朝，因皇帝一直在北京临朝听政，复置的行在六部，虽加"行在"二字，但实际还是真正的中央政府，与成祖迁都后的权用地位完全一样。而南京的中央六部反倒成为陪衬，正如嘉靖朝官员雷礼所言，"若洪熙元年至正统五年，虽有行在之称，而大政实出于北"㊽。

六、结语

综上所述，通过对明代"随驾监局"款金银器物的研究，可知"随驾监局"机构的出现和消失与明初迁都北京有着密切关系。先是明成祖为提升北京的政治地位，仿效中央六部品秩设立北京行部；其后，为迁都需要又将北京作为"行在"，置行在六部等临时中央机构，伴驾出巡，由此并生出内府"随驾监局"等衙门。1420年，成祖革除北京行部和行在六部等机构，定北京为京师，南京为留都，"随驾监局"也相应废除。仁宗即位后，决意还都南京，复置行部和行在六部，经宣宗朝至英宗正统六年再次革除，并正式定都北京。从实物资料看，器物制作年代集中在永宣时期，说明"随驾监局"是行在机构的共生机构，加"行在"二字，就会同时加"随驾"二字，反之亦然，与文献记载是相符合的。

① 《明太祖实录》卷二五四，洪武三十年七月庚戌条，中国台北"中研院"历史语言研究所校印本，1962年，第3661页。

② 《皇明祖训·内官》，中国国家图书馆·中国国家数字图书馆/中华古籍资源库/善本古籍。国家图书馆 http://read.nlc.cn/OutOpenBook/OpenObjectBook?aid=892&bid=111118.0.

③⑩ 《明太祖实录》卷二五，吴元年九月丁亥条，中国台北"中研院"历史语言研究所校印本，1962年，第366页。

④ 《明太祖实录》卷八三，洪武六年六月辛未条，中国台北"中研院"历史语言研究所校印本，1962年，第1482页。

⑤ 《明太祖实录》卷一九五，洪武二十二年九月己亥条，中国台北"中研院"历史语言研究所校印本，1962年，第2928页。

⑥ 分别见《明太祖实录》卷一六一，洪武十七年四月癸未条；卷二四一，洪武二十八年九月辛酉条；卷二五四，洪武三十年七月庚戌条，中国台北"中研院"历史语言研究所校印本，1962年，第2500—2501页；第3506页、3661页。

⑦ 《明太祖实录》卷四四，洪武二年八月己巳条，中国台北"中研院"历史语言研究所校印本，1962年，第862页。

⑧ 《明太祖实录》卷五六，洪武三年九月乙巳条，中国台北"中研院"历史语言研究所校印本，1962年，第1093页。

⑨ 《明太祖实录》卷八五，洪武六年九月壬寅条，中国台北"中研院"历史语言研究所校印本，1962年，第1508页。

⑪ 张燕芬：《明代金银器制作机构研究》，《文博学刊》2019年第3期。

⑫ ［清］于敏中等编纂：《日下旧闻考》卷四十一《皇城》，北京古籍出版社，2001年，第643页。

⑬ 《明太宗实录》卷八六，永乐六年十二月甲申条，中国台北"中研院"历史语言研究所校印本，1962年，第1138页。

⑭ 《明宣宗实录》卷一八，宣德元年六月壬午条，中国台北"中研院"历史语言研究所校印本，1962年，第487页。

⑮ 刘若愚：《酌中志》卷十六《内府衙门职掌》，北京古籍出版社，1994年，第103页。

⑯ 《大明会典》卷二百一，上海古籍出版社，1995年，《续修四库全书·史部·政书类》第792册，第404页、第405页。

⑰ 刘若愚：《酌中志》卷十六《内府衙门职掌》，北京古籍出版社，1994年，第110页。

⑱ 张燕芬：《明代内府金银器的制作机构与作品风貌》中［附表一］明内府带铭金银器一览表，《故宫博物院院刊》2018年第3期。

⑲ 《明太宗实录》卷十七，永乐元年二月庚戌条，台北"中研院"史语所校印本1962年版，第301—302页。按：因"行"与"刑"同音，在明代官私记载中经常把"北京行部"写作"北京刑部"。这些书多是成于众人之手，因为有的人可能不知道"行部"为何物，而径自改为"刑部"。台湾学者徐泓在《明北京行部考》一文中，就前人对北京行部的误解有专门的论述，其观点得学界肯定。故本文在引用史籍时，凡遇"北京刑部"字样，均写作"北京行部"。

⑳ 徐泓：《明北京行部考》，《汉学研究》第2卷第2期，民国七十三年（1984）十二月，第575页。

㉑ 吕宗力主编：《中国历代官制大辞典》（修订版），商务印书馆，2015年，第279页。

㉒㊱ 《明太宗实录》卷二〇，永乐元年五月壬

午条,中国台北"中研院"历史语言研究所校印本,1962年,第359页。

㉓《明太宗实录》卷八七,永乐七年正月丙午条,中国台北"中研院"历史语言研究所校印本,1962年,第1151页。

㉔《明太宗实录》卷二三一,永乐十八年十一月壬午条,中国台北"中研院"历史语言研究所校印本,1962年版,第2237页。

㉕《明仁宗实录》卷八下,洪熙元年三月戊戌条,中国台北"中研院"历史语言研究所校印本,1962年,第272页。

㉖《明宣宗实录》卷三九,宣德三年三月壬辰条,中国台北"中研院"历史语言研究所校印本,1962年,第970页。

㉗《明宣宗实录》卷四六,宣德三年八月辛卯条,中国台北"中研院"历史语言研究所校印本,1962年,第1124页。

㉘《明太宗实录》卷五七,永乐四年闰七月壬戌条,中国台北"中研院"历史语言研究所校印本,1962年,第835--836页。

㉙㉚《明太宗实录》卷二二九,永乐十八年九月丁亥条,中国台北"中研院"历史语言研究所校印本,1962年,第2227页。

㉛《明英宗实录》卷八五,正统六年十一月甲午条,中国台北"中研院"历史语言研究所校印本,1962年,第1696页。

㉜《明成祖实录》卷十六,永乐元年正月辛卯条,中国台北"中研院"历史语言研究所校印本,1962年,第294页。

㉝㉟《明史·职官四》卷七五,中华书局,1974年,第6册,第1839页。

㉞《明太宗实录》卷五〇,永乐四年正月甲午条,中国台北"中研院"历史语言研究所校印本1962年,第745页。

㉟《明太宗实录》卷一九,永乐元年四月甲子条,中国台北"中研院"历史语言研究所校印本,

㊳《明宣宗实录》卷三九,宣德三年三月壬辰条,中国台北"中研院"历史语言研究所校印本,1962年,第344页。

㊳《明宣宗实录》卷三九,宣德三年三月壬辰条,中国台北"中研院"历史语言研究所校印本,1962年,第969页。

㊴《明太宗实录》卷二三〇,永乐十八年十月乙卯条,中国台北"中研院"历史语言研究所校印本,1962年,第2230页。

㊵《明太宗实录》卷五八,永乐四年八月癸卯条,中国台北"中研院"历史语言研究所校印本,1962年,第849页。

㊶《明太宗实录》卷一〇〇,永乐八年正月壬辰条,中国台北"中研院"历史语言研究所校印本,1962年,第1305页。

㊷《明太宗实录》卷一〇七,永乐八年八月戊午条,中国台北"中研院"历史语言研究所校印本,1962年,第1389--1390页。

㊸《明太宗实录》卷一二九,永乐十年六月戊寅条,中国台北"中研院"历史语言研究所校印本,1962年,第1604--1605页。

㊹《明太宗实录》卷六六,永乐五年四月己酉条,中国台北"中研院"历史语言研究所校印本,1962年,第932页。

㊺《明太宗实录》卷一七八,永乐十四年七月甲寅条,中国台北"中研院"历史语言研究所校印本,1962年,第1945页。

㊻《明太宗实录》卷一五四,永乐十二年八月壬子条,中国台北"中研院"历史语言研究所校印本,1962年,第1776页。

㊼《明太宗实录》卷一〇一,永乐八年二月庚子条,中国台北"中研院"历史语言研究所校印本,1962年,第1312页。

㊽雷礼:《国朝列卿年表》卷八,载《元明史料丛刊》(明刊本),文海出版社1988年,第120—121页。

(作者单位:首都博物馆)

明代驸马都尉林岳与德清公主墓志新考

李永强　　王继红

　　2008年6月，在北京朝阳区发现一座"甲"字形三合土砖室墓，出土两盒墓志，根据墓志可知墓主是明代德清公主和驸马都尉林岳（图一、图二）。林岳墓志、志盖均为正方形，边长0.7米，厚0.12米。志石保存完好，志文清晰。志文为楷书，竖排，共37行，满行41字，全文981字①。

　　盛会莲、郭京宁据此写成《德清公主与驸马林岳相关史事考——以公主和驸马墓志为中心》一文，对公主和驸马的生平进行了梳理、考证，并对公主和驸马的相关史事进行了综合研究②，笔者认为就志文内容所反映的驸马祭陵、葬地魏村社等若干问题，仍有撰文讨论的必要。

一、林岳与明代驸马祭陵制度

　　明制，驸马都尉不得与政事。"惟奉祀孝陵，摄行庙祭，署宗人府事"③。驸马附属于皇家，除了拥有驸马头衔享受相应待遇外，绝少有染指政治权力的机会，

图一　德清公主墓志照片

图二　驸马林岳墓志照片

更不能参与皇朝的政治决策。而只能以皇亲的身份出席朝廷或皇家一些礼仪性活动。祭祀皇陵就是驸马都尉的一项重要职责，"凡清明、中元、冬至，俱分遣驸马都尉行礼，文武官陪祭。忌辰及正旦、孟冬、圣节，亦遣驸马都尉行礼"④。志文中，林岳曾在"时节若帝后忌辰，数遣祀山陵"，也曾参与过祀南郊、享太庙等典礼。与林岳同时代的驸马都尉马诚，其仕宦经历主要是"凡三持节册封韩、吉、代府，两奉命祭告孝陵"⑤。

明代驸马祭陵，经历了遣驸马一员至遣驸马二员的变化。变化的时间节点为天顺八年（1464）。"旧制，祭陵遣驸马一员，而各衙门官随行陪祭。天顺八年秋祭，礼部言：'今加裕陵为四，相去隔远，各官往复奔走，不无倦怠失仪，乞遣驸马二员，率陪祀官分诣行礼。'从之，遂为定制。"⑥天顺八年（1464）八月，英宗葬裕陵，至此，天寿山陵葬入长陵、献陵、景陵和裕陵，这四座帝陵以长陵为顶点呈"Y"字形排列，仅遣一员驸马祭陵时，按传祚世系顺序，当由长陵、献陵、景陵、裕陵依次祭祀。但四座帝陵"Y"字形排列的分布特点，使得祭陵人员在祭过长陵、献陵后，需折回长陵向东，祭祀景陵，然后再折回，经过长陵、献陵北上至裕陵行祭。祭陵路线的安排的确使得祭陵人员需"往复奔走"。以里程计，献陵距长陵1里，景陵距长陵1里半，裕陵距献陵3里⑦。如只遣驸马一员，祭完裕陵，即须步行9里。如果遣驸马二员分祭，就可以避免"往复奔走"。所以礼部"乞遣驸马二员"并成为定制。遣驸马二员的定制沿用了成化、弘治两朝，直到弘治十八年（1505）。

据《明武宗实录》载："弘治十八年冬十月庚午，梓宫至山陵献殿，遣驸马都尉马诚、游泰、黄镛、崔元、林岳祭告长陵、献陵、景陵、裕陵、茂陵。"⑧这次发送弘治帝梓宫至山陵，朝廷派出了五位驸马祭告山陵。当然这次五位驸马祭告

山陵的安排，情况比较特殊，不能当作定制。随着泰陵入葬，天寿山陵已葬六座帝陵，祭陵路线更长，二员驸马已不敷使用。所以弘治十八年冬至节，朝廷派出了林岳等三员驸马祭陵。"遣驸马都尉游泰、崔元、林岳分祭长陵、献陵、景陵、裕陵、茂陵、泰陵"⑨。自此，明代祭陵遣驸马二员的定制正式结束，改为遣驸马三员，并成为正德朝的定制。正德朝将祭陵制度化，"定长陵以下诸陵，凡清明、中元、冬至，俱分遣驸马都尉行礼，文武官陪祭。忌辰及正旦、孟冬、圣节，亦遣驸马都尉行礼"⑩。

主祭人员的增多，是为了适应天寿山陵寝的增多。因为陵寝增多，不仅意味着主祭人员体力消耗的增大，也意味着祭陵耗时的延长。万历八年（1580）礼部大臣在制定万历皇帝祭陵礼仪时曾考虑："今次诣陵，合无仰稽，皇祖世宗皇帝彝宪，酌分二日以次展拜，庶礼意周洽、诚敬流通"⑪，为做到"礼意周洽"，礼部计划"酌分二日"来完成祭陵，即使这样，制定礼仪的大臣仍担心"不惟圣躬太劳，抑恐日力不给"⑫，而更定了礼节，实际上是减省了皇帝亲祭的陵寝数量。由此可知，祭陵活动既费力又耗时，为了保证祭陵人员有足够的体力并尽可能在当天完成祭陵，增加主祭人员就成了必然的措施。这是主祭人员增至三人甚至超过三人的原因。

驸马都尉林岳在弘治十八年（1505）十月后的两次祭陵，正好完成了祭陵从遣两位驸马到三位驸马的过渡。

嘉靖皇帝登基后，又对祭陵人员的安排进行了调整。以正德十六年（1521）冬至节祭陵为例，"遣怀宁侯孙英、驸马蔡震、崔元、彭城伯张钦，分祭长陵、献陵、景陵、裕陵、茂陵、泰陵，安昌伯钱承宗祭康陵"⑬，嘉靖二年（1523）的冬至节祭陵派出了昌国公张鹤龄、京山侯驸马都尉崔元、昌化伯邵蕙及恭顺侯吴世兴⑭。

《客座赘语》记载"上陵之礼"："南京文武官凡八次，其在京师止清明与霜降耳。京师之礼，是嘉靖时所定"[15]。嘉靖朝制定的"上陵之礼"，祭陵人员不仅有驸马，还有与驸马品级相当的侯与伯，且以后者为主，这种祭陵人员组合也成为晚明定制。

二、明代驸马后裔的姻娅

驸马与公主所育，无论男女，皆为帝甥[16]，可谓是金枝玉叶，身份尊贵。林岳去世后，公主就为两个儿子林鹿、林鹰向朝廷请封，朝廷授林鹿为锦衣指挥佥事，林鹰为锦衣正千户[17]，兄弟俩成为四五品的"寄禄官"，不到任、不理事，只领取俸禄。关于驸马后裔的姻娅，文献记载不多，出土的墓志资料正好补充文献的不足。如与林岳墓志同出的德清公主墓志记载"女二，长适镇远侯顾宁"[18]，为了解驸马后裔的姻亲状况提供了线索。又如永安公主与驸马都尉袁容的长女"适武安侯郑亨之嫡子郑能"[19]、永康公主与驸马都尉崔元的长女适安昌伯钱维圻[20]、宜兴公主与驸马都尉马诚之女，适瑞安侯之长子[21]。从以上四则资料可以看出，公主与驸马所生的女儿，多与侯、伯联姻，在比较看重门第等级的明代，这种联姻关系表明驸马都尉与侯、伯在政治身份、经济地位方面相当，这与明制"驸马都尉位次于侯"[22]的记载相一致，明代人谢肇淛说："国朝驸马……尚主之后，即居甲第、长安邸中，锦衣玉带与公侯等……"[23]。

三、德清公主葬地魏村社

林岳卒于正德十三年，当时公主尚健在，因此"权厝于都城东水碓村祖茔之次"以待主，公主孀居三十一年后薨逝。"奉敕葬顺天府大兴县魏村社十里河之原"[24]。从考古发掘结果来看，德清公主与驸马林岳是合葬的。由此可知，驸马林岳停枢三十一年后，待嘉靖二十八年（1549）公主薨逝，朝廷为公主卜得葬所，营造坟茔后，才从水碓村祖茔之次，迁枢至顺天府大兴县魏村社十里河之原与公主合葬。

魏村社这一地名最早出现于永乐朝纂修的《顺天府志》中，该志引《图经志书》"大兴县乡社"中有"七里铺社、添保恭社、魏村社……燕台乡、招贤乡等"[25]，据此可知，魏村社是沿用自元代的地名。

魏村社大体位置在《宸垣识略》一书中有所提及，"宏善寺在左安门外迤东魏村社"[26]，"圆觉寺在魏村社，明景泰中建"，吴长元考按曰："圆觉寺在三里河桥东，寺已无存，今其地犹仍其名"[27]，同书又云："圆觉寺在武基，去广渠门二十里"[28]，据以上所记宏善寺和圆觉寺的位置，可以推断魏村社东至三里河桥东甚至武基一带，西至左安门。《宸垣识略》又云"华严寺俗称槐寺，在三转桥，地名魏村社大市庄"[29]，又据《宸垣识略》引塞英重修天庆寺碑略云："距城南三里河之滨曰魏村社"[30]，综上可知，魏村社东至三里河桥东甚至武基一带，西至左安门。中间包括三里河、十里河、三转桥、八里庄等地，范围颇为不小。

《宸垣识略》引《京师五城坊巷衙衙集》："……崇南坊则有南河漕、于家湾、递运所、缆竿市，又有三转桥、纪家桥、板桥、双马庄、八里庄、十里河，皆三里河入张家湾故道。今其名虽存，而深谷为陵，遗迹渐不可考矣。"[31]由此得知，魏村社一带是三里河故道。

又据《宸垣识略》引塞英重修天庆寺碑略云："距城南三里河之滨曰魏村社，其地幽旷阒寂，林木丛茂"[32]，魏村社之韦公庄，"有奈子古树，婆娑数亩，春时花开，望之如雪；三夏叶特繁茂，列坐其下，烈日不到。袁公安尝谓戒坛老松、显灵宫柏、韦庄奈子，可称卉木中三绝。"③③以上可以看出魏村社一带风景秀丽林泉茂盛，是上乘的风水宝地。

明朝廷在西山几被占用一空的情况下，留意到魏村社风水景致不逊于西山，于是选择魏村社作为德清公主的葬地。不仅德清公主卜葬于魏村社，早在弘治年间，重庆大长公主就选了圆觉寺附近的地土作为自己的坟茔吉地。北京朝阳区十八里店老君堂无极寺藏《圆觉寺碑》阴刻："内官监太监李兴于宫内奏奉圣职：重庆大长公主坟茔吉地壹段计壹顷玖拾亩，系圆觉寺供奉香火地土。"③④德清公主的胞姐永康公主葬地"大兴县下马社榨子口之原"③⑤，距魏村社也不会太远。

与十里河毗邻的魏村社八里庄，在嘉靖朝已成为太监的丛葬地。嘉靖二十九年（1550）《义会寿茔地产碑》记："大兴县北八里庄魏村社……卖与内府内官西口厂太监高等会众造盖义会寿地……直隶顺天府大兴县魏村社八里庄东林庵，内官监太监会众高忠等于嘉靖二十年（1541）六月买到香火地四口，共计买地八十七亩五分，坐落关庄地方。"③⑥

明代迁都北京后，公主葬地以广义的西山山麓为主，及至晚明，西山一带形势稍胜者几乎被占用一空，"环城百里之间，王侯、妃主、勋戚、中贵获坟、香火等地，尺寸殆尽"③⑦。京城东南的魏村社一带，是西山之外公主与宦官的集中埋葬区。

四、林岳赐乘肩舆

林岳短短的38年人生中，最大的荣光除选尚驸马外，就要数获赐乘肩舆。志文曰"今上命乘肩舆出入"。官员乘轿，明朝廷有过规定，时严时宽。成化十三年（1477），"严文武官乘轿之禁。太监汪直言：洪武、永乐间，人臣无敢乘轿者；正统时，文官年老，或乘肩舆；景泰以来，两京五品以上者无不乘轿者。文职三品、年六十以上可许，武职宜一切禁止，

从之"③⑧。由此可知，官员乘轿的标准是文职三品、年六十以上。林岳获赐乘肩舆是在正德年间，正是三十岁上下的年龄，远不到年六十以上的乘轿年龄标准。林岳虽然多次参与祭陵等礼仪性朝廷活动，但这属于驸马都尉的分内职掌，还不足以赢得获乘肩舆的恩眷。弘治十五年（1502），林岳等人以参与祭祀为由，奏乞莽衣，差点被究问。《礼部志稿》载："弘治十五年正月，驸马都尉崔元、林岳、广宁伯刘佶、南宁伯毛良俱以有事大祀，奏乞蟒衣，礼部言：凡蟒衣系朝廷特赐，今元等妄引事例奏扰，俱宜究问，得旨姑宥之。"③⑨蟒衣不会轻赐，肩舆更是官员们不敢望矣。万历四年（1576），驸马都尉许范诚奏乞肩舆被礼部严拒。"维祖宗不假名器之心，以重治人臣妄干恩泽之罪"④⑩。然而让人费解的是，正值青壮之年的林岳，在并无旷世功业的情况下，甚至都没有奏乞，正德皇帝慷慨地"命出入乘肩舆"。从林岳志文"盖卧病久而后能起"一语及林岳在38岁壮年早逝的事实来看，赐乘肩舆恰恰是正德皇帝对病弱的林岳的特殊关照。

① 北京市文物研究所编：《京沪高铁北京段与北京新少年宫》，上海古籍出版社，2014年，第106页。

② 盛会莲、郭京宁：《德清公主与驸马林岳相关史事考——以公主和驸马墓志为中心》，载北京市文物研究所编：《北京考古文物》第七辑，科学出版社，2019年。

③ 《明史》卷七六《职官五》中华书局，1974年，第1856页。

④⑩《明史》卷六十《礼十四》中华书局，1974年，第1474页。

⑤ 中国台北"中研院"历史语言研究所校印：《明武宗实录》卷170，第3128页。

⑥ [明]余继登：《典故纪闻》卷十四，中华书局，2007年，第247页。

⑦ 李宝臣：《北京城市发展史》（明代卷），

北京燕山出版社，2008年，第181、182页。

⑧ 中国台北"中研院"历史语言研究所校印：《明武宗实录》卷六，第202页。

⑨ 中国台北"中研院"历史语言研究所校印：《明武宗实录》卷七，第226页。

⑪ 中国台北"中研院"历史语言研究所校印：《明神宗实录》卷一百三十三，第2487页。

⑫ 中国台北"中研院"历史语言研究所校印：《明神宗实录》卷一百三十三，第2488页。

⑬ 中国台北"中研院"历史语言研究所校印：《明世宗实录》卷八，第295页。

⑭ 中国台北"中研院"历史语言研究所校印：《明世宗实录》卷三十三，第847页。

⑮ [明]顾启元：《客座赘语》卷五。中华书局，2007年，第165页。

⑯ 《明史》卷一百二十一《公主传》"乐安公主"条："十九日，都城陷，时公主已薨，未葬。永固以黄绳缚子女五人系柩旁，曰：'此帝甥也，不可污贼手。'"中华书局，1974年，第3677页。

⑰ 中国台北"中研院"历史语言研究所校印：《明武宗实录》卷一百七十，第3288页。

⑱ 北京市文物研究所编：《京沪高铁北京段与北京新少年宫》，上海古籍出版社，2014年，第106页。

⑲ 北京市第三次文物普查办公室编：《北京市第三次文物普查资料汇编·房山卷》（1997年3月—2000年12月），第223页。

⑳㉟ 中国国家图书馆藏：崔元妻朱氏（永康大长公主）圹志。http://mylib.nlc.cn/web/guest/search/beitiejinghua/medaDataObjectDisplay?metaData.id=625436&metaData.1Id=62991

㉑《明故驸马都尉马公墓志铭》，载丰台区文化委员会：《丰台区石刻文物图录》，北京燕山出版社，2008年，第94—97页。

㉒ [清]龙文彬：《明会要》卷四十二《职官

十四·驸马都尉》，中华书局，1998年，第740页。

㉓ [明]谢肇淛：《五杂俎》卷十五《事部三》襟霞阁主人重刊：国学珍本文库本，第276页。

㉔ 北京市文物研究所编：《京沪高铁北京段与北京新少年宫》，上海古籍出版社，2014年，第106页。

㉕ 王熹校点：[永乐]《顺天府志》卷十二，中国书店，2011年，第222页。

㉖㉘ [清]吴长元辑：《宸垣识略》卷十二《郊坰一》，北京古籍出版社，1983年，第251页。

㉗㉚㉜ [清]吴长元辑：《宸垣识略》卷十二《郊坰一》，北京古籍出版社，1983年，第174页。

㉙ [清]吴长元辑：《宸垣识略》卷十二《郊坰一》，北京古籍出版社，1983年，第172页。

㉛ [清]吴长元辑：《宸垣识略》卷十二《郊坰一》，北京古籍出版社，1983年，第166页。

㉝ [清]吴长元辑：《宸垣识略》卷十二《郊坰一》，北京古籍出版社，1983年，第252页。

㉞ 北京图书馆金石组：《北京图书馆藏历代石刻拓本汇编》第56册，中州古籍出版社，1989年，第125页。

㊱ 北京图书馆金石组：《北京图书馆藏历代石刻拓本汇编》第55册，中州古籍出版社，1989年，第145—146页。

㊲ [明]沈榜《宛署杂记》卷二十，北京古籍出版社，1980年，第63页。

㊳ 中国台北"中研院"历史语言研究所校印：《明宪宗实录》卷一百七十二，第3103页。

㊴ [明]俞汝楫等《礼部志稿》卷八十一《陪祀》。国家图书馆藏文津阁影印版，《四库全书》第五九九册，第0599—26页。

㊵ 中国台北"中研院"历史语言研究所校印：《明神宗实录》卷四十六，第1025页。

（作者单位：北京市文物研究所）

浅析《京城古迹考》及励守谦抄本之特色

——兼论与《日下旧闻考》之关系

蔡紫旴

《京城古迹考》是一部关于北京城内外古迹的实地调研笔记，由清高宗近臣、书法家励宗万于清乾隆十年（1745）撰写。这部书主题鲜明、短小精悍，文献征引与实地考访密切结合，真实反映了乾隆初期北京相关古迹的状况，是一部独具特色的北京地方古籍。谢国桢先生曾称赞此书"文字简练，扼要不繁，为了考察北京的古建筑和城市变迁的沿革，到现在还有参考价值"①。而对于这部特色鲜明的北京文献，目前的研究成果并不丰富②，励守谦抄本对原稿的改动、《京城古迹考》与《日下旧闻考》的关系等重要问题，更有待深入研究。本文即从《京城古迹考》存世文本的分析入手，对此书的特点、抄本的价值，及其与《日下旧闻考》的关系进行全面的探讨。

一、《京城古迹考》的特色

（一）作者励宗万的身份

《京城古迹考》的作者励宗万（1705—1759），字滋大，号衣园，又号竹溪，直隶静海（今天津市静海区）人。其祖励杜讷（1628—1703）、父励廷仪（1669—1732）分别为康熙、雍正朝名臣。励宗万本人于康熙六十年（1721）得中进士，此后历任提督山西学政、鸿胪寺少卿、礼部侍郎、刑部侍郎、侍讲学士、通政使、左副都御史、工部侍郎等职，其间屡次因受贿营私而被夺官、降级，终以光禄寺卿的身份于乾隆二十四年（1759）病故③。所著《衣园遗稿》《青箱堂集》等今皆不传。

励宗万是雍正到乾隆朝前期著名的"御用书手"，北京法源寺、十方普觉寺的雍正御制碑，均为励宗万"奉敕敬书"，《秘殿珠林》中收录有励宗万"奉敕敬书"的《金刚经》④《圆觉了义经》⑤及真草篆隶四体《高宗纯皇帝御制万寿山五百罗汉堂记》⑥等书法作品。《石渠宝笈》中还收录了他的《天中献瑞图》《蓬池竞渡图》等绘画作品⑦，以及他与清高宗鉴赏品题书画珍品的唱和诗作⑧。此外，他还参与了《秘殿珠林》《石渠宝笈》《西清古鉴》等官修文献的编纂工作⑨。清高宗曾评价其人云："励宗万不安静，钻营生事，朕因其小有才具，尚可驱策，令其在武英殿行走，亦足满其分量矣。"⑩由此可见，励宗万是以"御用文人"的身份立足于朝的。他独自编撰并进呈给清高宗的《京城古迹考》以及与之性质相近的《盛京景物辑要》⑪，也都含有"献赋"逢迎之意。如《京城古迹考》文中处处称"臣"，明言"恭呈御览，以备圣明采择焉"⑫，显然是进献之作。

（二）《京城古迹考》的优缺点

作者励宗万的身份，决定了《京城古迹考》的特色。历代地理类著作，都会标榜兼顾"考古"与"核实"，既要借助现存史料考证相关景物的历史变迁，又要根据实物遗存展现当下面貌，但真正能够实现二美兼善的著述，则寥若晨星。以明清北京地方文献为例，明末刘侗、于奕正《帝京景物略》自称"兹编人征其始末，事核其有无"[13]，但清人徐元文仍讥其"漫无考据，徒掠取前讹，足成己谬"[14]，长于景物描写，而疏于考证；清初高士奇谓朱彝尊编《日下旧闻》"昼则历郊野、摩碑碣、问父老，断字厄言，悉经掌录，夕则籯灯散帙，驰骋古今，务使闻见两无所憾，而后愉快"[15]，但清高宗仍认为该书"详于考古，而略于核实，每有所稽，率难征据"[16]，长于考证史实，而疏于实地考访。《京城古迹考》同样标榜"考古"与"核实"并重，全书约两万字，列述东、南、西、北城古迹四十六处，每条均分为两部分：第一部分以"臣按"开头，征引前人记载；第二部分以"今查"开头，描述这一古迹的位置及当时的存毁情况。但励宗万并不以史学考证见长，其长处在于以清新平实的文字，真实、细腻地描述景物细节，以便让皇帝足不出户就能了解古迹的现状。

因此，"案古证今，循名核实"，是《京城古迹考》的一大优点。励宗万有意识地对古迹逐一"按籍访核"，并对每处古迹的现状进行白描式的叙述，既特别关注御制诗文和御题榜额、对联等皇室作品，也注重收集和记录碑刻、塑像、口头传闻等民间史料，因此《京城古迹考》真实记录了这些古迹在乾隆十年的面貌，可补其他文献记载之遗缺。以"圣感寺"为例，该寺历史悠久，元代名"平坡寺"，明代更名"圆通寺"，康熙十七年（1678）左右更名为"圣感寺"，至乾隆十三年（1748）又更名为"香界寺"。成书于明代或清初的北京古籍如《帝京景物

略》《春明梦余录》《（康熙）畿辅通志》《日下旧闻》等，对该寺的记载均止于明代"圆通寺"；而编纂于乾隆中后期的《日下旧闻考》，又仅关注当时作为"香界寺"的状况，对此前"圣感寺"的面貌付之阙如，虽然乾隆十二年（1747）清高宗诗注中提及"圣感寺内圣祖赐扁最多"[17]，但也语焉不详。要想了解从康熙十七年到乾隆十三年这七十年间圣感寺的榜额、藏品等情况，只能借助于《京城古迹考》的记载："御题三圣殿榜曰'圣感'，大殿曰'敬佛'，后阁曰'制毒龙'，阁下藏圣谕一道……"《京城古迹考》成书于乾隆十年，晚于《日下旧闻》（刊行于康熙二十七年，1688）五十余年，而早于《日下旧闻考》（文渊阁《四库全书》本进呈于乾隆四十七年，1782）三十余年，正好能为后人追溯相关古迹的变迁提供可靠的线索和证据。此外，励宗万对景物的描写真切而详尽，能道出前人所未道。如"文丞相祠"条对文天祥像之白描："破屋三间，塑像兀坐，冠进贤冠，朱衣色黯。神座之右石刻半像，执笏，冠如明世国公，笏刻'孔曰成仁，孟曰取义'数语。"《日下旧闻考》中收录历代记述文天祥祠、歌咏文天祥事迹的史料多达三十六条，却只有引自《京城古迹考》的这一条精致描绘了祠内塑像、刻像的情况，为后人提供了细节信息[18]。由此可见，《京城古迹考》尽管篇幅不长，但史料价值却很高。

从文学价值上看，《京城古迹考》笔触生动细腻，写景状物如在目前，可视为一部精巧的小品文集。例如"戒坛寺"条记叙探索"极乐洞"之经历云："洞门仅容身，入洞暗黑如夜，列炬以行。行里许，有天然石佛十余龛，参差向背，法相天成。又里许，有蝙蝠百余，大者盈五六尺，极小者亦如箕，群伏洞顶石乳之上，以炬烛之亦不惊，诚灵物也。至极深处，则闻水声琤琤，路愈窄而湿滑，不敢复入矣。"不仅将石佛、蝙蝠等洞内景物描绘

得栩栩如生，而且把自己的探险历程也记述得生动活泼，使读者如临其境。《京城古迹考》在描写上颇具灵气，文笔清新练要，与《帝京景物略》的晚明竟陵派文风大相径庭。同为以北京古迹为主题的游记类小品文，《京城古迹考》与《帝京景物略》的迥异文风，也非常值得对比品鉴。

优点鲜明，但《京城古迹考》的缺点也同样突出，其关键缺憾主要有两点：一是规模太小。名曰"京城古迹考"，却仅仅考察了四十六处古迹，数量仅为《帝京景物略》条目的三分之一，尽管其中不乏潭柘寺、白塔寺、卢沟桥等妇孺皆知的名胜古迹，但"京师八景"（燕京八景）仅提及"卢沟晓月"和"蓟门烟树"两处，其余"琼岛春阴""居庸叠翠"等均未涉及，未免令人遗憾。励宗万自称"极知挂一漏万"，实非虚词。二是文献考据功夫薄弱。励宗万重于"核实"而疏于"考古"，例如德胜门、安定门外之土城，清初顾炎武、朱彝尊等人早已考证出是元大都城故址，但《京城古迹考》"古蓟门"条仍云："安定门外亦有土城故址如此者，是否旧燕城，或辽金故城，抑古蓟门，均莫可考。"涉及史实考证之处，此书往往付之阙如，或存模棱推测之语。然而瑕不掩瑜，整体上讲，《京城古迹考》无论在史学领域还是文学领域，都有其不容忽视的价值。

二、《京城古迹考》的版本情况

《京城古迹考》成书之后，既罕见于官方记载，更未经"钦定"刊行，故知者寥寥，清人著述绝少提及。《中国古籍总目》亦未收此书。但此书幸未失传，且存有稿本、抄本两个版本。

励宗万手抄的稿本为谢国桢发现并收藏，谢国桢《明清笔记稗乘所见录》中称之为"稿本"，且谓"是书为宗万手书，书法老练工整，就其本身来说，也是

研究北京史迹、文物的一种"[19]，应为励宗万自抄之稿本（以下简称"稿本"）。1964年北京出版社"依据谢国桢同志收藏的励宗万手写稿本"加标点整理排印，与《日下尊闻录》合册出版；1981年北京古籍出版社再版，仍与《日下尊闻录》合册，为今天最常见的《京城古迹考》版本（以下简称"排印本"）[20]。

稿本之外，国家图书馆另藏有一部《京城古迹考》之抄本（以下简称"抄本"），是励宗万之子励守谦誊抄的进呈本。该本为册页装，共三册，锦缎封面，有签无字。内文楷书，半页六行，行十八字，泥金花边栏，钤有"韫山藏书""臣汝琨印"及"巴黎大学北平汉学研究所藏"印。在《京城古迹考》内容之前，有励守谦之识语三页，称为配合《日下旧闻考》的编纂，故将乃父两部"削稿尚存"的旧作《京城古迹考》和《〈南城咏古诗〉考》重新缮写进呈。《〈南城咏古诗〉考》今不知所终，国图所藏仅为《京城古迹考》三册。对校文字可知，抄本与排印本存在一定的文字差异，且为《日下旧闻考》所征引之《京城古迹考》底本（详后）。

抄本的抄录时间，推测应在乾隆三十八年（1773）六月至四十年九月之间。因为清高宗诏令编纂《日下旧闻考》在乾隆三十八年六月十六日[21]，而励守谦识语中明确提到"敕令考订朱彝尊《日下旧闻》"，可知抄本进呈当在《日下旧闻考》开始编纂之后。至于下限，乾隆四十年（1775）九月初十日有"革职编修励守谦，准其自备资斧，在《四库全书》处纂修上效力行走"之谕旨[22]，而识语自署"编修臣励守谦"，故此次进呈当在乾隆四十年九月即革职之前。虽然至乾隆四十三年（1778）二月，励守谦因任《四库全书》纂修官，又"着加恩授为编修"；但识语中提及"未敢列入遗书，送馆勘订"，且言及"校辑《四库全书》""考订《日下旧

闻》"等项目时语气兴奋，故推测这次进呈不会在乾隆四十三年之后，而应在乾隆三十八年、三十九年《四库全书》征书最高潮之际[23]。而且从现存档案来看，励守谦此后主要承担的是《四库全书》的分校工作，最终成书的《日下旧闻考》中也无励守谦之名，识语中所谓"幸叨预编纂之列"很可能是《日下旧闻考》编纂初期的情况。综合以上因素判断，抄本《京城古迹考》抄录的时间，应在乾隆三十八年六月之后，四十年九月之前，即晚于稿本约三十年。

励守谦抄本的存世，不仅有助于我们了解《京城古迹考》成书后的流传情况，同时也为《日下旧闻考》的编纂研究提供了一些新鲜的材料。

三、励守谦抄本的特色与价值

（一）励守谦抄本与稿本的异同

励守谦为励宗万之子，生卒年不详，乾隆十年进士，为励家"四世翰林"的最后一代，至乾隆五十二年（1787）仍在世[24]，似以翰林院编修之职终老。励守谦所抄《京城古迹考》，相比于以稿本为底本的排印本，主要进行了三方面的改动。

第一，改变稿本中主动进呈的说法，改为奉命编撰。《京城古迹考》排印本中并无"奉命"的说法，卷前按语云："今更从志乘所载及近代人文集杂著中遗迹之可考者，详择采辑，按籍访核……敬录成卷，以备观览焉。"卷末按语云："……谨就载籍所传，耳目闻见所及，择其迹关郑重者，采辑如右。……敬备悉缀录，恭呈御览，以备圣明采择焉。"均谓主动进呈，而非奉命编撰。励守谦抄本则将卷前按语中的"详择采辑"改为"谨遵俞旨，再加采辑"，卷末落款则改为"工部侍郎臣励宗万奉敕敬编"，将《京城古迹考》变为"奉敕"之作。励守谦在抄本的卷前识语中更是明言"伏念先臣宗万，

曾于乾隆十年奉命考核京城古迹"，还称自己"时已蒙恩选置词垣，敬随臣父效采辑之役"，也是参与者。可见抄本的这些修改，是有意改变《京城古迹考》的编撰缘由，以期抬高该书的地位。

第二，对个别条目的史实进行订补。其中部分修订是正确的，例如"万柳堂"条，抄本将"国初为大学士益都冯铨别业"中的"冯铨"订改为"冯溥"[25]。但大部分订补则功过参半，例如"宋仁宗篆书针灸经石刻"条末，抄本增补一句："或云：燕无宋迹，此是元元贞间自忭[26]移此。""自忭移燕"之说确实见于前史记载，但"元贞（1295—1297）间"的说法则不知所据[27]。又如"延祐二年进士题名记"条末，抄本增补一句："《水东日记》云：内官阮安督工太常，悉将元碑磨去。"但却误将原文中的"太学"抄为"太常"[28]。再如"元灵福寺"条中关于韩家山延寿寺之名，励宗万猜测与"汉循吏韩延寿家此山"有关，但此说并无其他史文佐证，故励守谦抄本删去"或以延寿所居，而遂名其寺耶"一句；不过他所增补的"寺左侧为延庆寺，殿宇颓败，庙额犹存，《通志》或误以延庆为延寿耳"，却同样不见于其他记载。目前可考之北京城区及近郊的"延庆寺"有二，一在广渠门内原火神庙街（今龙潭湖附近）[29]，一在万寿寺东（今紫竹桥附近）[30]，均与韩家山（今八宝山）相隔甚远。而且明崇祯八年（1635）刊行的《帝京景物略》中即有韩家山（罕山）"山阳二寺：曰灵福，曰延寿"的记载[31]，《日下旧闻考》在考察该山的按语中，也没有提及有"延庆寺"，只说"今并无灵福、延寿二寺名"[32]。由此可见，励守谦的描述和推测都是需要推敲的。

第三，对字词进行修改。其中个别修改合理有据，如"崇真宫"条，抄本将"崇贞保运之殿"订改为"崇真保运之殿"[33]；"潭柘寺"条"攀云寻净地"之下半句，抄本将"问树出祇园"订改为

"间树出祇园"㉞；个别删改则减少或改变了原文的信息，例如"鱼藻池"条删去"相近精忠庙"五字，"丰台"条将"种粟米高粱及麦"改为"种植禾黍豆麦"，"白塔寺"条删去"从墙外跫望，见（塔制如幢）"六字，"万寿寺"条删去"铜质甚古"四字，卷末按语删去"岁在乙丑"四字等。而数量最多的，是义可两通的异文，例如卷首按语将"仅循正南一面故基"的"循"字改为"修"字，"鱼藻池"条将"四围民居散处"改为"四围居民错处"，"毗卢阁"（排印本作"毗罗阁"）条将"今查阁上下共十四间"改为"今查阁上下七楹"，"三忠祠"条"守祠人住"改为"为守祠者居"，"天宁寺塔"条"音无断时"改为"音无寂时"，等等，恕难一一罗列。

综上所述，尽管励守谦自称抄本"多出臣所纂录"，可实际上，除了对编撰缘由的刻意修改外，抄本对稿本的改动基本上都是小修小补，既没有增补条目，也没有重新考访相关古迹，或对三十年后的存毁情况进行大规模修订。例如白塔寺（妙应寺）于乾隆十八年（1753）重修，万寿寺于乾隆十六年（1751）、二十六年（1761）两次重修等重要信息㉟均未见增补，只是无关变迁的内容如"铜质甚古"等被删节。

（二）抄本的研究价值

《京城古迹考》励守谦抄本虽然异文价值不高，但却是在《四库全书》征书的大背景下誊抄进献的，与《日下旧闻考》的编纂关系密切，对于研究励氏父子也有不小的价值。

首先，《京城古迹考》抄本有助于我们进一步了解《四库全书》征书的扩散效应。乾隆三十八年四月，继下令辑校《永乐大典》和征采外省遗书之后，清高宗又采纳刘统勋的建议，号召在京官员贡献藏书㊱。励守谦倚仗祖上家藏，共进献图书六次，合计150种㊲，是在京官员中为数不多的"所进之书数在一百部以上

者"，并因此于同年十一月得到了清高宗的题诗㊳，次年五月又得到"内府初印之《佩文韵府》"一部作为奖励㊴。但《京城古迹考》并不在这六次进献之列，因为励守谦认为"篇帙无几，又多出臣所纂录，故未敢列入遗书，送馆勘订"，而是重新缮写、装裱进呈。因此这部文献尽管不见于《四库采进书目》，但却与《四库全书》工程关系密切：一方面励守谦单独进呈乃父旧作，显然是受到了开馆征书政策的鼓舞，希望借机突显自己父子的著述之功；另一方面此次进献是为配合《日下旧闻考》的编纂，而《日下旧闻考》也是《四库全书》工程中的"子项目"，清高宗明确指出要趁"方今汇辑《四库全书》，典籍大备"之机"编为《日下旧闻考》"，且"成书并即录入《四库全书》，以垂永久"㊵。由此可见，《四库全书》的征书工程不仅包括直接的征采和禁毁，还应考虑到波及的间接影响，如在朝廷大力搜讨遗书的氛围中，一批人出于邀功请赏的目的，将家藏稿本通过各种渠道贡献出来，并间接体现在《四库全书》工程的成果中。尽管很多文献出于各种原因并未收录进《四库全书总目》，但这一文化现象是值得关注的。

其次，抄本卷前的励守谦识语，有助于我们更好地理解《京城古迹考》的编撰理念，及其与《日下旧闻考》的相通之处。如前所述，《京城古迹考》的长处在于核实而非考古，但正文前的励宗万按语，却用大量篇幅探讨了幽燕城垣、古迹之变迁，而对本书的独特价值，却只用"按籍访核"四字一笔带过。励守谦则在抄本卷前的识语中谈道："善言今者，必有考于古；善言古者，亦必有考于今。盖考于古，而后因革损益可得而明；考于今，而后典籍之所传是非真伪，一一可校，而不同于空言之无据。"不仅指出"考古"与"考今"具有互动性，而且强调了"考今"的意义在于核实纠谬，即王国维所谓"二重证据法"。这种"眼见为

实"的态度，与《日下旧闻考》的编纂理念是一致的。清高宗之所以下令考证《日下旧闻》，就是认为该书"详于考古，而略于核实，每有所稽，率难征据，非所以示传信也"，而"考证"的方法，则是派官吏"将朱彝尊原书所载各条，逐一确核，凡方隅不符、记载失实及承袭讹舛、遗漏未登者，悉行分类胪载"[41]，与《京城古迹考》卷前按语中所云"今更从志乘所载及近代人文集杂著中遗迹之可考者，详择采辑，按籍访核"，在思路上如出一辙。而这样的编纂理念，在清代的北京地方文献中并不常见，例如清高宗在《〈日下旧闻考〉题词》中盛赞的清初《春明梦余录》《日下旧闻》两部巨著[42]，都更注重"因革损益"的"考古"之学，朱彝尊甚至标榜《日下旧闻》"他人著书唯恐不出于己，予此编唯恐不出于人"[43]，成书于《日下旧闻考》之后的《宸垣识略》《光绪顺天府志》等书，也以辗转传抄为主。励守谦在《京城古迹考》抄本识语中所主张的古今并重、以实迹核校典籍的观点，正与《日下旧闻考》为代表的乾隆朝官修地理类文献相契合，体现了这一时期的官方学术风向。

最后，励守谦抄本是《日下旧闻考》采录《京城古迹考》的底本，为深入研究《日下旧闻考》的编纂提供了宝贵资料。尽管《日下旧闻》原文及其《补遗》征引了大量文集、笔记等私人著述，但《日下旧闻考》新增的条目却绝大多数出于《大清一统志》《国朝宫史》《大清会典》等官修文献，像《京城古迹考》这样的个人著述甚为罕见。通过抄本及励守谦识语中"兹恭逢敕考古迹，谨以《京城古迹考》缮为三册，《〈南城咏古诗〉考》缮为一册，拜手稽首，上尘乙览"等语可以得知，《日下旧闻考》之所以能收录此书，并非是纂修官特意去翻检三十年前励宗万进呈的原本，而是因为清高宗将励守谦重新进献的抄本转交给纂修官，以备采择。此外，将所采条目进行文本对读，也

可管窥《日下旧闻考》对原始史料的取舍与删改处理。

四、《京城古迹考》与《日下旧闻考》的关系

（一）《日下旧闻考》采录《京城古迹考》的基本情况

《日下旧闻考》全书中出处为"京城古迹考"（或误作"帝京古迹考""京城古迹序"）的条目共计五条[44]。其中四条见于《京城古迹考》，即：《日下旧闻考》卷四十五小字"考文天祥所著"条，出自《京城古迹考》"文丞相祠"条，出处误作"帝京古迹考"；卷五十六"万柳堂在广渠门内"条，出自《京城古迹考》"万柳堂"条；卷六十一"晋阳庵在宣武门外"条，出自《京城古迹考》"晋阳庵"条；卷九十"丰台在宛平县西"条，出自《京城古迹考》"丰台"条，出处误作"京城古迹序"（排印本已订正）[45]。

另一条关于"永光寺"的内容虽然不见于《京城古迹考》，但这条文字很可能出于励宗万的《〈南城咏古诗〉考》，由于励守谦将二书同时抄录进呈，故被《日下旧闻考》的纂修官混为一书，将其出处也误作"京城古迹考"。励宗万之《〈南城咏古诗〉考》虽已佚失，但据排印本《京城古迹考》卷前按语中"迺贤《南城咏古诗》，多在今城西南之境，业经访核，辑录成卷，以备考古之征"等语，可知是对元人迺贤（清代改译纳新，或作纳延）《南城咏古十六首》所涉古迹的实地考访，该书作于《京城古迹考》之前，而体例与之近似。《日下旧闻考》卷六十一误作出自《京城古迹考》的"永光寺"一条，谈及永光寺内的"万寿寺开山传法历代宗师实迹二石碣"，又云"许道宁画屏已久湮矣"[46]，正与迺贤《南城咏古十六首·万寿寺》末句"扶藜读旧碑"，及题注"寺有许道宁画屏"等语[47]相呼应。因此基本可以断定，此条实为励

表一　《京城古迹考》《日下旧闻考》重要异文对比

条目	排印本《京城古迹考》	抄本《京城古迹考》	文渊阁本《日下旧闻考》
万柳堂	益都冯铨	益都冯溥	益都冯溥
丰台	种粟米高粱及麦	种植禾黍豆麦	种植禾黍豆麦
晋阳庵	据僧云：是伊师从他处	据僧言：其师从他处	僧言：他处

宗万《〈南城咏古诗〉考》之佚文。

通过比较异文可以发现（参见表一），《日下旧闻考》所用《京城古迹考》的底本为励守谦抄本，而非稿本（排印本的底本）。例如抄本、排印本存在异文之处，《日下旧闻考》均从抄本，或偶径改原文，与二本皆有出入，但无一处与排印本《京城古迹考》相合，可知其采录底本为抄本。由此亦可见，励守谦的进呈，也确实为《日下旧闻考》做出了贡献，丰富了引书的类型，使这部官修文献更加丰满。

（二）《日下旧闻考》采录《京城古迹考》的特点

《日下旧闻考》与《京城古迹考》对比，无论规模、地位还是价值、影响，都不可同日而语。《日下旧闻考》涵盖了顺天府辖区内从皇城内苑到远郊州县的全部古迹，规模上也是《京城古迹考》的百倍。不过，通过对《京城古迹考》的采录可以看出，《日下旧闻考》亦非一味地贪多求全、照搬原文，而是对原始文献进行了精心采择和细致改动，从中也能反映出《日下旧闻考》的一些修纂理念。

从条目的选择来看，《日下旧闻考》看重的是《京城古迹考》中的细节描写，如上文所引"文天祥祠"条，而简述现状的条目则未予采录。这主要是因为励宗万所做的"循名核实"的工作，尤其是他所记录的清帝御题匾额、对联等信息，已为《日下旧闻考》所覆盖并更新，后者重新考察了相关古迹的现状，并以"臣等谨按"的形式对所有古迹在乾隆四十年左右的存毁状况进行了说明，因此对于《京城古迹考》中所记录的三十年前的情形，便不甚重视。而且《京城古迹考》是笔记体，《日下旧闻考》则属于资料汇编，体

例不同，呈现方式也难免有所差异。例如对于东岳庙内的康熙御书书碑，前者侧重于记事物本身："圣祖御书碑二座，环以小亭，一国书，一汉文，穹然双峙"（见"东岳庙"条），后者则侧重于载录其文，直接将《圣祖御制东岳庙碑文》全文收录，并没有记载碑亭的情况，也没有征引《京城古迹考》的文字⑱。

从内容的取舍来看，《日下旧闻考》对原文的三类内容进行了删节。

第一，删节了《京城古迹考》中侧重于"考古"的文字，有的是因为《京城古迹考》所引的《春明梦余录》等内容，《日下旧闻》原已征引，无须重复，如"文丞相祠""丰台"等条，另一些则是因为《京城古迹考》所考有误，如《日下旧闻考》卷五十六删去"万柳堂"条所引《天府广记》"堂即万柳园，元右丞廉希宪别墅"等语，是因为根据纂修官的考证，"元廉希宪万柳堂在今右安门外草桥相近，详见《郊坰》门；此则临朐冯溥别业，盖慕其名而效之者也"⑭，并非同一"万柳堂"，故予以删节，以免以讹传讹。平心而论，《日下旧闻考》的史实考证也确实更为精严，结论多可信从。

第二，删节了抒情的文字，只保留对现状的平实描写。如《京城古迹考》"万柳堂"条末尾的"老柳数株，平芜弥望，因思叶向高所云'李园不酸，米园不俗'二语，更在荒烟蔓草间，无迹可寻矣"等句，即被《日下旧闻考》删除。这些文字虽然有感叹成分，但也包含了如"老柳数株""李园不酸，米园不俗"等历史信息，可惜这些信息并没有被《日下旧闻考》所重视和保留。

第三，删节了一些希望规避的内容。例如《日下旧闻考》卷九十引《京城

古迹考》"丰台"条时，将"有水田"下的"俱旗地"三字删去，"桥东为三公主园"改为"桥东有园"，"樊家村之西北"下的"有官庄并各村"删去，等等。这些删改显然是为了回避一些信息，尤其是涉及皇室、八旗占地的信息，而像"至蒋家街，为故大学士王熙别业""刘村西南为礼部官地"等文字仍予保留[50]。

最后，从文字的处理来看，《日下旧闻考》对原文的所有改动都是不出校记的径改，其中既有订误和增补之功，又有轻改、错改之过。举例来说，根据史实对原文进行完善，如《京城古迹考》"万柳堂"条"国初为大学士益都冯溥别业；康熙时开博学鸿词科，待诏者尚雅集于此"，似乎将万柳堂作为冯溥别业和待诏者在此雅集视为先后二事；但事实上，康熙十八年（1679）开博学鸿词科时，冯溥以大学士的身份担任阅卷官，并在此前即曾宴请来京的"待诏者"们在万柳堂雅集，参加了博学鸿词科的毛奇龄、陈维崧、朱彝尊等名士都有相关诗文传世[51]。《日下旧闻考》对此事考证得很明白，征引此二句时特意改为："为国朝大学士益都冯溥别业，康熙时开博学鸿词科，待诏者尝雅集于此"[52]，改动不大，却将两事合为一事，避免造成歧异。又如《日下旧闻考》引《京城古迹考》"文丞相祠"条时，在"唐李邕所书云麾将军断碑二础"的"将军"二字下增添"李秀"二字，乃因唐代著名书法家李邕曾为两位"云麾将军"书碑，其中"云麾将军李思训碑"在陕西蒲城，是李邕最得意的书法作品，而文天祥祠所藏为另一位云麾将军李秀之碑[53]。《京城古迹考》原文未加说明或区分，故《日下旧闻考》特意加"李秀"二字以示区别。这两处改动，虽然改变了引文原貌，却是相对合理的。

不过，《日下旧闻考》也有随意轻改之处。如将原书"晋阳庵"条"的是旧物"改为"洵是旧物"，"丰台"条"京师花贾悉于此培养花木"改为"京师花贾

比比于此培养花木"之类，原本意皆两通，却径行改动原文。另如《京城古迹考》"丰台"条末句原为"诚北地难得之佳壤也"，文渊阁本《日下旧闻考》误抄作"诚此地难得之佳壤也"[54]。如依原文"北地"来看，励宗万之意，无非是说华北地区难得有像丰台这样"水清土肥，故种植滋茂"的"佳壤"。但由于文渊阁本误将"北地"改为"此地"，武英殿本刊刻之前，可能认为"此地"的范围可大可小，容易引发争议，故谨慎起见，将此九字全部删除，排印本亦承之全删[55]，从而造成不必要的文本流失。

综上所述，《日下旧闻考》对《京城古迹考》的采录，一方面体现了后者的价值，有助于我们了解前者的编纂过程，另一方面又在很大程度上掩盖了后者的优点，不仅原文遭到有意或无意的改动，而且不少更能体现《京城古迹考》长处的条目，并没有被《日下旧闻考》所采录。《京城古迹考》在史学、文学及文献学领域的价值，实应得到学界更多的关注和重视。

①⑲ 谢国桢：《明清笔记稗乘所见录》，见谢国桢编著《明清笔记谈丛》，上海古籍出版社，1981年，第359页。

② 已知的研究成果主要有：前揭谢国桢书；王灿炽《燕都古籍考》中对《京城古迹考》的概述和引录，见王灿炽著《燕都古籍考》，京华出版社，1995年，第298—301页。

③ 赵尔巽等：《清史稿》卷二百六十六《励杜讷传》及附传，中华书局，1977年，第9946—9948页。

④《秘殿珠林》卷二十二，《景印文渊阁四库全书》第823册，中国台湾商务印书馆，1986年，第723页。

⑤《秘殿珠林续编·乾清宫藏七》，据《续修四库全书》第1069册影印清内府抄本，上海古籍出版社2002年，第279页。

⑥《秘殿珠林三编·静怡轩藏》，据《续修四库全书》第1075册，上海古籍出版社，2002年，影印清嘉庆内府抄本，第99—100页。

⑦《石渠宝笈》卷六，《景印文渊阁四库全书》第824册，中国台湾商务印书馆，1986年，第205页。

⑧ 如《石渠宝笈》卷二《御笔风候写生书画合璧》之和诗、卷十七《宋黄居寀山鹧棘雀图》御题之和诗等，据《景印文渊阁四库全书》第824册，中国台湾商务印书馆，1986年。

⑨ 参见《秘殿珠林》《石渠宝笈》凡例之落款，及《西清古鉴》职名，分别据《景印文渊阁四库全书》第823册第445页、第824册第4页、第841册第2页，中国台湾商务印书馆，1986年。

⑩ 见《清高宗实录》第一一四卷，乾隆五年四月甲戌，中华书局，1985年。

⑪《盛京景物辑要》现存进呈稿本十二卷（孤本），藏于辽宁大学图书馆，见图宣：《〈盛京景物辑要〉一览》，《辽宁大学学报（哲学社会科学版）》1979年第5期；董莲枝：《〈盛京景物辑要〉与励宗万》，《社会科学辑刊》1994年第1期。

⑫［清］励宗万、阙名：《京城古迹考·日下尊闻录》，北京古籍出版社，1981年。本文所引《京城古迹考》，如各版本存在异文，则会随文说明，余不另注。

⑬［明］刘侗、于奕正著：《帝京景物略·略例》，北京古籍出版社，1983年，卷前第5页。

⑭［清］徐元文《日下旧闻序》，见［清］朱彝尊辑、［清］朱昆田补遗：《日下旧闻》国家图书馆出版社影印，2017年。

⑮［清］高士奇《日下旧闻序》，［清］朱彝尊辑、［清］朱昆田补遗：《日下旧闻》国家图书馆出版社影印，2017年。

⑯㉑㊵㊶ 中国第一历史档案馆编：《纂修四库全书档案》八四，上海古籍出版社，1997年，第129—130页。

⑰［清］于敏中等编纂《日下旧闻考》卷一百三《乾隆十二年御制六月朔日自香山游圣感诸胜即景成诗得五十韵》，北京古籍出版社，1983年，第1709—1710页。

⑱［清］于敏中等编纂《日下旧闻考》卷四十五，北京古籍出版社，1983年，第717页。

⑳［清］励宗万、阙名：《京城古迹考·日下尊闻录》"出版说明"，北京古籍出版社，1981年。

㉒ 见中国第一历史档案馆编：《纂修四库全书档案》二八二，上海古籍出版社，1997年，第425页。

㉓ 关于《四库全书》征书的时间，参见黄爱平：《四库全书纂修研究》，中国人民大学出版社，1989年，第21—35页。

㉔ 乾隆五十二年十月，励守谦尚随同纪昀至热河（今河北承德）覆校文津阁《四库全书》，参见中国第一历史档案馆编：《纂修四库全书档案》一二六一，上海古籍出版社，1997年，第2061—2062页。

㉕ 按：冯铨（1596—1672）为顺天涿州人，明万历四十一年（1613）进士，天启五年至七年（1625—1627）以谄事魏忠贤升任大学士，降清后亦曾任大学士，乾隆间被编入《贰臣传》乙编；冯溥（1609—1691），山东益都人，顺治四年（1647）进士，康熙十年（1671）晋文华殿大学士。二人虽均大致符合"国初大学士"的身份，但只有冯溥是益都人，而万柳堂也确为冯溥别业，与冯铨无关，抄本所改是正确的。

㉖ 原文如此。

㉗ 按：《燕都游览志》谓此石刻乃"至元（1264—1294）间自汴移至此者"，见［清］于敏中等编纂《日下旧闻考》卷七十一，北京古籍出版社，1983年，第1179页。又《元史》载："元中统（1260—1264）中……帝命取明堂针灸铜像示之，曰：此安抚王楫使宋时所进，岁久阙坏……"见［明］宋濂等撰《元史》卷二百三《阿尼哥传》，中华书局，1976年，第4546页。王楫于元太宗四年（壬辰，1232）"从攻汴京"，次年"奉命持国书使宋"，则宋仁宗针灸经石刻自汴移燕，当在元太宗四年，亦非"使宋时"所得，见《元史》卷一百五十三《王楫传》，中华书局，1976年，第3613页。

㉘ 按：《水东日记》原文作："尝闻阮安督工建太学时，悉取前元进士碑，磨去刻字，置之隙地。"见［明］叶盛撰、魏中平校点：《水东日记》卷二十八"旧碑石"条，中华书局，1980年，第279页。又《池北偶谈》引作："按《水东日记》云：内官阮安督工建太学时，悉取前元进士碑磨去刻字。"见［清］王士禛撰、勒斯仁点校《池北偶谈》卷三"太学题名碑"条，中华书局，1982年，第51页。励

守谦所据似为后者。

㉙［清］周家楣、缪荃孙编纂：《光绪顺天府志》卷十四，北京古籍出版社，1987年，第398页。

㉚［清］周家楣、缪荃孙编纂：《光绪顺天府志》卷十四，北京古籍出版社，1987年，第549页。

㉛［明］刘侗、于奕正：《帝京景物略》卷六，北京古籍出版社，1983年，第278—279页。

㉜［清］于敏中等编纂：《日下旧闻考》卷一百四，北京古籍出版社，1983年，第1725页。

㉝［清］于敏中等统纂：《日下旧闻考》卷六十"宏仁万寿宫"条（引《行国录》），及"玉皇庙"条下之"臣等谨按"，均作"崇真保运"，北京古籍出版社，1983年，第994—995页。

㉞参见《（乾隆）御制诗初集》卷二十《游潭柘岫云寺即事杂咏得诗六首》，作"间树出祇园"，据《景印文渊阁四库全书》第1302册，中国台湾商务印书馆，1986年，第339页。

㉟按：二寺重修之事，分别见［清］于敏中等编纂《日下旧闻考》卷五十二、卷七十七"臣等谨按"，北京古籍出版社，1983年，第827、1291页。

㊱见中国第一历史档案馆编：《纂修四库全书档案》五五，上海古籍出版社，1997年，第92—93页。

㊲见吴慰祖校订：《四库采进书目》"编修励第一次至六次交出书目"，商务印书馆，1960年，第173—175页。另，黄爱平统计为174种，见黄爱平《四库全书纂修研究》，中国人民大学出版社，1989年，第35页。

㊳见中国第一历史档案馆编《纂修四库全书档案》一三一，上海古籍出版社，1997年，第180—181页。

㊴见中国第一历史档案馆编《纂修四库全书档案》一五七，上海古籍出版社，1997年，第210—211页。

㊷见［清］于敏中等编纂《日下旧闻考》卷前《御制题词》，北京古籍出版社，1983年，第1页。

㊸见［清］朱彝尊《日下旧闻序》，见［清］朱彝尊辑、［清］朱昆田补遗：《日下旧闻》卷前，

国家图书馆出版社影印，2017年。

㊹按：由于文渊阁《四库全书》本《日下旧闻考》成书在先，武英殿本即内府刻本刊行在后，而北京古籍出版社排印本《日下旧闻考》乃据武英殿本整理，故本文在与《京城古迹考》对校时，以《景印文渊阁四库全书》本《日下旧闻考》（第497—499册，以下简称"文渊阁本"）为底本，分析其征引、删改的情况，并对武英殿本、排印本《日下旧闻考》之异文随文加以说明。

㊺以上四条分别见于［清］于敏中等编纂：《日下旧闻考》，文渊阁本第497册，第637页、第788页、第861页、第498册第431—432页，排印本第717页、第811页、第998页、第1536页。

㊻［清］于敏中等编纂：《日下旧闻考》，文渊阁本第497册第866页，排印本第1005页。

㊼［元］纳延撰《金台集》卷二《南城咏古十六首·万寿寺》，据《景印文渊阁四库全书》第1215册，中国台湾商务印书馆，1986年，第292页。

㊽［清］于敏中等编纂：《日下旧闻考》卷八十八，北京古籍出版社，1983年，第1487页。

㊾［清］于敏中等编纂：《日下旧闻考》卷五十六"臣等谨按"，北京古籍出版社，1983年，第911—912页。

㊿55［清］于敏中等编纂：《日下旧闻考》卷九十，北京古籍出版社，1983年，第1536页。

51张宗友著：《朱彝尊年谱》卷三，凤凰出版社，2014年，第232—233页。

52［清］于敏中等编纂：《日下旧闻考》卷五十六，北京古籍出版社，1983年，第911页。

53［清］于敏中等编纂：《日下旧闻考》卷四十五"臣等谨按"，北京古籍出版社，1983年，第718页。

54见［清］于敏中等编纂：《日下旧闻考》卷九十，据《景印文渊阁四库全书》第498册，中国台湾商务印书馆，1986年，第431—432页。

（作者单位：北京大学中国语言文学系）

草原丝绸之路视角下辽代玉器整理与研究

万文君

公元907—1125年，由契丹族建立的政权统治着北方地区幅员万里之地，据《辽史·地理志》记载，辽代地理区域总京五、府六、州、军、城百五十有六，县二百有九，部族五十有二，属国六十。东至于海，西至金山，暨于流沙（阿尔泰山），北至胪朐河（今克鲁伦河），南至白沟（河道自今河北高碑店市东南白沟镇北，东流经霸州市及其以东的信安镇，达今天津市），地域辽阔，辽代统治区域是游牧文化与农耕文化交会的核心地区，是草原丝绸之路的枢纽之地。契丹族早期以游牧生活为主，手工业并不发达，也没有用玉的传统。随着契丹族的发展壮大，活动区域不断扩大，凭借草原丝绸之路的地理优势，辽代契丹族政权在与中原王朝及高昌、于阗、波斯、大食、新罗等国或战争，或贸易，或政治外交的过程中吸收了多元文化，同时辽代贵族得到了优质的和田玉、玛瑙、琥珀等珍贵玉石材料，辽代开始制作及使用玉器，并呈现出鲜明的草原丝绸之路玉器文化特色。中原文化与草原文化在辽代统治区域内充分地交流与融合，可以说辽代受中原玉器文化影响并对中原玉器文化产生了重要影响，辽代玉器文化是草原丝绸之路文化研究极为重要的组成部分。

一、辽代玉器的考古发现和分布

辽代考古发现开始于20世纪初，日本人在辽宁、内蒙古等地对辽代墓葬进行调查和盗掘活动，致使多处重要的辽代墓葬遭到损坏。20世纪50年代起我国开始对辽代墓葬、佛塔地宫及窖藏等遗址进行科学考古发掘，考古成果斐然。辽代政治文化中心在五京，即上京临潢府、东京辽阳府、中京大定府、南京析津府和西京大同府。辽代考古发掘出土玉器集中在五京之地的墓葬、佛塔和窖藏之中（详见表一）。

辽代墓葬分为帝王墓葬、大贵族墓葬、一般贵族墓葬和贫民墓葬。帝王墓葬有五处：太祖耶律阿保机葬于祖陵；太宗耶律德光和穆宗耶律璟葬于怀陵；圣宗耶律隆绪、兴宗耶律宗真和道宗耶律洪基葬于庆陵；文献记载东丹人皇王耶律倍和其子世宗耶律兀欲葬显陵，天祚帝耶律延禧葬于乾陵[①]。除了显陵和乾陵被女真军队毁坏殆尽、使考古调查及研究工作难有突破性进展，其他辽代帝陵的位置均已准确定位。辽祖陵尚未经过正式发掘，陵区附近墓葬区发现陪葬墓，这些陪葬墓被盗掘严重，但依然出土了精美的金银器、玉器、琥珀、陶瓷器等。辽代早中期受中原"事死如事生"观念的影响盛行厚葬之风，以致朝廷多次下令禁止厚葬，陈国公主及驸马合葬墓出土大量奢华的陪葬品，亦可推想辽代皇陵的规模。玉器为上层贵族使用之物，制作和使用是有严格限制的。据目前考古资料来看，玉器较多的出土于帝王墓葬和高级贵族墓葬，一般贵族墓葬随葬玉器数量及玉器品质明显较差，在辽廷任职的汉人墓也有少量玉器出土，而平民墓葬则很少有玉器陪葬物品。

辽代玉器较集中出土于内蒙古东南部地区的辽代墓葬，辽宁、北京、天津地区也发掘出土少量辽代玉器。科学考古发掘有重要玉器出土、墓葬保存较为完整的辽代墓葬有：

1. 辽代早期的耶律羽之墓，1992年7月赤峰市阿鲁科尔沁旗罕苏木苏木朝克图山一座大型辽墓被盗，随后确认墓主人为辽东丹国左相耶律羽之。内蒙古文物考古研究所会同赤峰市博物馆、阿旗文物管理所，对墓葬进行了抢救性发掘。

2. 凌源小喇嘛沟贵族墓，1994年辽宁省考古研究所对小喇嘛沟贵族墓进行了全面抢救性发掘，发掘11座墓葬和2座殉马坑。11座墓葬中，8座早期被盗，随葬品所剩无几，3座墓葬未被盗扰，结构保存完整，随葬品丰富。该墓群分布集中排列有序，是一处家族墓，其中M1出土银鎏金面具和鎏金银冠等，虽然不及陈国公主墓出土金质面具所代表的等级，但是也表明墓主人身份和地位为重要的节度使或高级贵族家族的重要成员。

3. 陈国公主墓，1986年内蒙古文物考古研究所对通辽市奈曼旗青龙山镇修建大苹果基地水库发现的一处已经暴露的辽代墓葬进行清理发掘，其中第3号墓为辽陈国公主与驸马合葬墓，出土随葬品3227件，包括大量金银、玉石、玛瑙、琥珀等贵重材料制品，是极为罕见的珍贵辽代文物。

4. 通辽市吐尔基山辽墓，2003年内蒙古文物考古所、通辽市博物馆、科尔沁左翼右旗文管所组成考古队对吐尔基山采石矿的一处墓葬进行正式发掘，共出土文物388组（件）。除了金、玉等饰品，还有铜铃、鼓、号角、鞭子等女巫用的法器，并且在墓葬主人的内衣上发现装饰有代表太阳的三足乌金牌和代表月亮的玉兔银牌，因此很多学者认为墓主人生前应是一位身份高贵的女萨满。

5. 内蒙古多伦辽圣宗贵妃墓，2015年内蒙古文物考古研究所对锡林郭勒盟多伦县蔡木山乡铁公泡子村小王力沟辽代墓葬进行了抢救性发掘，出土银、铜、铁、玉、琥珀、玛瑙、木、泥、丝绸等大量文物。其中许多文物与辽陈国公主墓出土遗物相似，但制作更为考究。墓葬中发现墓志一盒，中部阴刻篆书"故贵妃萧氏玄堂志铭"九字，据墓志可知墓主人为辽圣宗贵妃。该墓出土的玉石类文物有金镶玉龙纹玉捍腰、银丝链玉组佩、玛瑙柄龙纹鎏金银鞘短刀、玛瑙罐、银盖水晶盒、滑石孔兔。金镶玉龙纹玉捍腰是目前所见的唯一一件玉捍腰。

6. 内蒙古乌兰察布市凉城县水泉M26，为契丹建辽前墓葬，墓主人为女性，出土鸡心形玛瑙坠1件、红玛瑙管3件、红玛瑙珠6件，其中圆球形4件，六棱扁柱状2件。

7. 辽宁阜新海力板辽墓，为辽代早期官阶较高的贵族夫妻合葬墓，墓葬保存较为完整，出土6件玛瑙带饰。

8. 辽宁法库县叶茂台七号墓，为辽代早期老年妇人墓，保存较为完整，可能为契丹贵族，出土玛瑙制品4件：玛瑙穿金耳坠1件，玛瑙管金丝球串饰1件，玛瑙杯2件；水晶制品3件：水晶及琥珀串饰1件，水晶球形盒1件，水晶珠1件。

9. 河北承德辽代早期窖藏，出土玉环1件、玉饰件1件、树叶形玉饰件1件、凤鸟镂空玉饰件2件、花形石饰件1件、凤鸟状玉首发簪1件、灰白玉饰件1件、水晶鱼1件、水晶珠10件、绿松石若干。

10. 朝阳北塔，该塔是我国现存几座珍贵的辽塔之一，20世纪80年代因年久失修和地震等自然灾害影响面临倒塌的危险，当地考古部门进行了初步勘查，发现塔中存有三燕、北魏、隋、唐、辽5个时期的夯土、建筑、绘画和雕刻遗迹，1988年辽宁省考古所开始从上至下对北塔进行初步清理。经科学考古发掘的玉质文物有玉璧2件、玉环2件、玉飞天1件、玉龙1件、玉雁1件、玛瑙斧1件、玛瑙舍利罐1件、水晶雕水禽1件、水晶兽2件、水晶龟1件、金刚杵1件。

最新的考古资料有：

1. 康平张家窑林场长白山墓群，位于沈阳市康平县沙金台乡张家窑林场西部边缘的长白山区域，2017年4月至11月，沈阳市文物考古研究所对该墓群进行了主动性考古发掘，共计清理辽代大型砖室墓3座、中小型石室墓6座，共计出土陶瓷、金银、铜、铁、玉石、玛瑙、琥珀、玻璃器等随葬品400余件。其中I区契丹贵族墓葬群，是迄今为止康平县境内发现的规模最大、等级最高、保存最完好的辽代契丹贵族家族墓地，出土玛瑙配饰、围棋子、琥珀吊坠、玉臂韝、金丝未断的玛瑙璎珞等重要辽代玉器文物[2]。

2. 据中国文物信息网2018年10月11日《辽宁发掘辽代四合院建筑，发现巨型墓葬》一文，因《辽史》等文献记载辽代有两座帝陵（显陵和乾陵）修建于医巫闾山，但具体位置不详，2015—2018年，辽宁省文物考古研究所出于对两座帝陵的探寻和推动文物保护工作开展，对该区域内北镇新立辽代建筑遗址进行主动考古发掘，出土玉册残块，有契丹小字和汉字两套，考古工作者推测该四合院建筑是辽代帝陵的陵前殿址。

虽然目前考古发掘的辽代遗址近千余，但帝王及重要贵族墓葬普遍被盗掘严重，大量随葬品被盗掘一空，辽代用玉制度及习俗需要通过文献与出土资料相结合的方法进行研究。

二、辽代玉器的形制与品类

辽代玉器造型有玉册、捍腰、腰带、骨朵、臂韝、玉柄锥、碗、杯、盅、肖生佩、发簪、戒指、耳坠、扣子、玉逍遥、璎珞、胸饰、臂饰、飞天、摩竭、金刚杵、海螺等，反映辽代皇室贵族政治生活、娱乐生活等方方面面。由于辽代政治制度中草原文化与中原文化并存，出现了很多新的玉器品类。

1. 玉册

杨伯达先生定义玉册为"记载册封所受之文的长方片状玉器"，因功能不同分哀册、谥册及封禅册。玉石器上载文记事的用法在春秋时期出现，当时在圭、璧和一些不规则的玉片上书写盟约誓词，称为玉盟书。目前出土最早的玉册可追溯至唐代，为扁平体长条形，两端各横穿一孔，用以穿缀成册，一面刻文，有的还将刻文刷涂金粉，玉质较差，基本是以石代玉。河南巩县宋太宗李后陵出土2套玉册，其形制与唐代玉册相似。契丹族承袭唐代礼制，先辽时期可汗与诸部首领就任要举行柴册礼[3]，辽建国后皇帝即位行"皇帝受册仪"[4]，采用了中原式汉仪形式。

前文所述辽宁省文物考古研究所对北镇新立辽代建筑遗址四合院建筑的考古发掘中，曾出土玉册残块，有契丹小字和汉字两套。目前考古资料公布较少，玉册内容及玉册特征还不知晓，但北镇辽代玉册的出土填补了辽代礼制用玉的一项空白，印证了《辽史》中玉册礼制的使用制度。

2. 玉捍腰

捍腰是围在后腰部的带饰，两端有扣用于系丝带。《辽史·仪卫志》记载："田猎服，皇帝幅巾，擐甲戎装，以貂鼠或鹅颈、鸭头为捍腰。"捍腰本为田猎服的腰饰，从考古出土的资料来看，质地多为铜或银鎏金，出土于高级贵族墓葬中。目前已知辽代鎏金捍腰有7件：建平张家营子辽墓出土二龙戏珠纹银鎏金捍腰、辽宁朝阳二十家子乡何家窝铺村前窗户辽墓石棺内出土双凤火焰纹银鎏金捍腰、小吉沟辽墓出土二龙戏珠纹银鎏金捍腰、法库县叶茂台辽墓出土镶琥珀宝塔龙凤纹银鎏金捍腰、凌源小喇叭沟出土银鎏金莲花纹捍腰、内蒙古博物院1982年征集双凤戏珠纹铜鎏金捍腰、内蒙古博物院征集的缠枝牡丹纹包金银捍腰。上述辽代捍腰形制大体相似，整体由"山"字形银板围成，中间凸起，两端有孔，纹饰以龙凤纹为主，制作工艺精湛。除上述围筒式捍腰外，还有一类排方式捍腰，例如陈国公主墓曾出土有龙纹金捍腰，这也是目前出土的唯一一件纯金捍腰，由8块呈圆头圭形的金板组成，出土时竖立排列于公主腰后及两侧，考古报告中定名为"金錾丝带"。通辽市扎鲁特旗的一座辽墓中也曾出土过由9块排方组成的双凤如意云纹鎏金银捍腰，中间一块为尖首圭形，两侧呈梯形递减排列。无论从质地、纹饰还是工艺来看，捍腰应为皇室成员或高级贵族服饰用具。玉捍腰目前只见一件，为内蒙古多伦辽圣宗贵妃墓出土的金镶玉龙纹捍腰，金框镶嵌7块玉板组成，青玉质地，中间一块最大，两边依次递减，玉板上浅浮雕龙纹，身姿矫健，姿态各异，两端有长条形孔，用以系丝带（图一）。

3. 玉带

目前考古发现最早的玉带出自北周若干云墓，其后隋唐宋辽金元均有玉带出土，从出土玉带的墓葬主人身份来看，玉带出现后逐渐成为了身份和地位的象征，其佩戴和使用有一定规制。官服佩用玉带的制度始于唐代，辽代沿袭了唐代的玉带制度，《辽史·仪卫志》载："皇帝紫皂幅巾，紫窄袍，玉束带，或衣红袄"，"五品以上，幞头，亦曰折上巾，紫袍，牙笏，金玉带"。辽代帝王墓葬因被盗掘情况严重，陪葬器物流失严重，但贵族墓葬中出土了一定数量的金、玉带。《辽史·仪卫志》记载："五品以上……武官鞊韆七事：佩刀、刀子、磨石、契苾真、哕厥、针筒、火石袋，乌皮六合靴。"陈国公主及驸马合葬墓中出土玉质腰带两副，可分为带"古眼"的蹀躞带和无"古眼"的蹀躞带，保存完整，为研究辽代带饰的使用方法和用途提供了依据（图二、图三）。这套完整蹀躞带由1件镶玉鎏金玉带扣、12件铜带箍、11件方形玉带銙、1件圭形玉铊尾、18件桃形玉带銙、8件圭形玉带銙组成，形制复杂而奢华，极具草原文化特色。孙机先生和冯恩学认为蹀躞带样式是受突厥带式影响，其样式取法突厥带式而纹饰为契丹文化独特风格，其使用时间下限在辽代中期，中期以后蹀躞带不再出现，无"古眼"的玉带仍有出土发现。

其他辽代墓葬出土玉带的有：沙巴里乡（辽代早期）出土青玉带板10块，耶律羽之墓（942年）出土玛瑙带板2块，敖汉旗水泉1号辽墓出土一条胡人伎乐纹玉带含玉銙8件、铊尾1件，阜新海力板（959年）出土玛瑙带板6块，耶律延宁墓（986年）出土青玉带板7块，解放营子出土玉蹀躞带1组，辽宁建平县唐家杖子辽墓出土玉带饰13件，赵匡禹墓出土白玉带板2块，耿延毅墓（1019年）出土带板11块，

图一　金镶玉龙纹玉捍腰（内蒙古多伦辽圣宗贵妃墓出土）

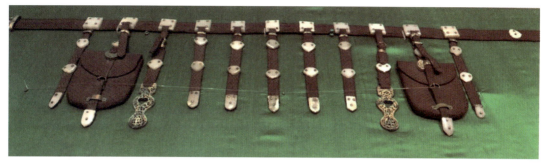

图二　玉銙丝蹀躞带（通辽市奈曼旗陈国公主墓出土）

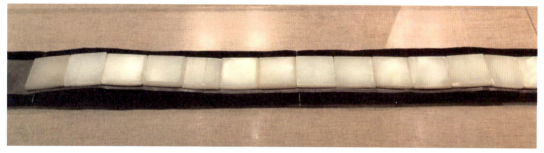

图三　玉銙银带（通辽市奈曼旗陈国公主墓出土）

清河门出土玛瑙带板5块，小刘杖子（辽代晚期）出土白玉带板16块，白音汉（辽代晚期）窖藏白玉、玛瑙带板各2块。玉带銙有长方形、团形、团形偏角形，古眼的形式有长方形、长条形和山字形。团形偏角形带銙和山字形古眼是源于突厥式带銙的制作方法。

4.玉佩饰

玉佩饰兴起于西周时期，汉代中期以后玉组佩趋于简化，至曹魏王粲重制玉佩之后基本定型，并被后世承袭，隋唐时期玉佩有明文规制，辽代贵族承袭唐、五代佩玉习俗，但更注重实用及装饰作用，呈现出鲜明的契丹民族文化特色。类型有玉组佩、盒形佩、肖生玉佩。

（1）玉组佩，指由2件以上玉坠组成的佩饰。如陈国公主及驸马合葬墓出土四件玉组佩：动物形玉组佩，玉质白润，上部饰透花盘长纹玉佩，下部用金丝链连缀玉鱼龙、双鱼、双凤、双龙和单鱼等不同形式的透花玉坠各一；妆具形玉组佩，上方饰镂雕莲花形玉佩，下方用金丝连缀剪刀、觿、锉、刀、锥、勺六件玉坠；肖生玉组佩，方形玉璧下吊坠蛇、猴、蝎子、

蟾蜍、蜥蜴五件玉坠；双鱼形佩，玉质白润，圆点形眼，做游动状，形象生动。这些玉组佩不同于中原地区组佩形制，具有鲜明的契丹民族特色，体现了契丹民族生活习俗及审美情趣（图四—六）。

（2）盒形佩，除装饰作用外更侧重于实用，出土实物资料有陈国公主墓龙凤纹盒形玉佩、螺形玉盒佩、鱼形玉盒佩（图七）、水晶杯佩饰，墓葬出土的盒形佩为装饰玉佩。独乐寺塔基出土水晶龟形玉盒；白塔子白玉竹节形盒，圆筒竹节形，第一节为盖，其余五节为盒身，子母口扣合，贯耳，耳内系金链。佛教塔基出土的盒形佩虽为佩饰形制，但其功用并非装饰用玉，而是供奉用器。另外实用型玉佩还有辽宁阜新清河门出土的青玉双鹅针筒。

（3）肖生玉佩，辽代肖生玉佩极富民族艺术特色，在吸收唐宋玉器写实风格的基础上更为生动，情趣盎然。肖生玉多配金属链可用于佩挂，其用途有的用于装饰、有的为实用器、有的为供奉用具、还有一些可能只是作为殉玉，如陈国公主墓出土的琥珀动物握手。配以

图四 工具形玉佩（通辽市奈曼旗陈国公主墓出土）

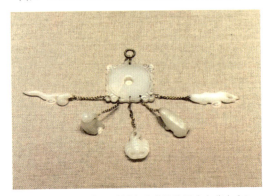

图五 动物形玉佩（通辽市奈曼旗陈国公主墓出土）

图六 龙、凤、鱼形玉佩
（通辽市奈曼旗陈国公主墓出土）

金属链的用法，与游牧民族勤于迁徙的生活习俗有关。

肖生玉佩造型有：龙形佩，以朝阳北塔天宫出土的玉坐龙为标准器，这件玉坐龙是目前仅有的一件软玉质龙，与北京丰台史思明墓出土的唐代铜坐龙非常相似；鱼龙形佩，也有学者称为摩竭形佩，是深受契丹人喜爱的装饰形象，在辽代的金银器、三彩器中十分流行；鱼形佩，辽代

玉器中鱼形制品较多，且大多玉质白润、工艺细致，所呈现的形态也多种多样，这与契丹人"随水草就畋渔"的生活有关；鹅、雁和鸭形佩，鹅、雁和鸭子是契丹人在渔猎活动中重要的捕猎对象，也是契丹贵族非常喜爱的玉雕题材，辽代出土有多件软玉、琥珀、玛瑙等材质的鹅、雁、鸭形佩饰；兔形佩，朝阳北塔天宫发现3件水晶兔，做伏卧状，因为水晶硬度较高，不易雕刻，整体造型较为抽象；熊形佩，熊是契丹民族秋捺钵时的捕猎对象，也是契丹贵族喜爱的玉雕题材之一，朝阳北塔天宫中出土水晶小熊1件，白音汉窖藏发现白玉巧雕玉熊1件，玉熊拱背伏卧，身体浑圆，耳、颈、背、尾和爪部用短阴刻线表示毛发，颈部和尾部鬃毛用黄褐色皮色进行了俏色巧雕，工艺水准极高。

5.玉璎珞

玉璎珞是契丹贵族最常见的装饰物，辽建国前及辽代早、中、晚期的高级贵族甚至一般贵族墓葬中都伴有玛瑙、水晶、琥珀或其他材质玉管或玉珠，应为玉串饰或玉璎珞的散件。多由数件玛瑙管、琥珀串饰间白水晶珠或金丝球而成，等级较高的璎珞中会串有一件鸡心形或吊锤形吊坠及一件管状吊坠，多选用玉、黄金、水晶、琥珀、玛瑙等材质制作。如耶律羽之墓出土的琥珀水晶璎珞（图八）。

6.玉臂鞲

臂鞲是契丹人独特猎具，狩猎时系

图七 鱼形玉盒（通辽市奈曼旗陈国公主墓出土）

图八　琥珀水晶璎珞（赤峰市阿鲁科尔沁旗耶律羽之墓出土，据陈国公主墓璎珞复原）

图九　持骨朵侍卫壁画（辽宁北票莲花山辽墓出土）

图一〇　多棱体玉骨朵（内蒙古敖汉旗水泉辽墓出土）

在臂上用以护臂架鹰，以防止被鹰抓伤。《说文解字》："韝，臂衣也。"最早用皮革制作，辽代多为玉石质，大体作椭圆

形，两侧有穿孔，且仅见辽代墓葬有玉质臂韝出土。内蒙古凉城县水泉辽墓出土玛瑙臂韝1件，内蒙古赤峰哈拉海沟辽墓出土玛瑙臂韝1件，辽宁锦州市张扛村二号辽墓出土白玉臂韝1件，陈国公主墓出土玉臂韝1件，康平张家窑林场长白山墓群出土玛瑙臂韝1件，以上5件臂韝均出土于等级较高的贵族墓葬，是身份地位的象征。

7. 玉骨朵

骨朵为游牧民族狩猎用的投掷器，在鄂尔多斯青铜器文化中已有出现。玉质骨朵仅见于辽代，由玛瑙、水晶、软玉制作而成，呈扁球状，表面磨出菱形棱面。辽代的玉质骨朵成为具有游牧民族风俗特色的持物，为契丹贵族游牧出行时的仪仗用具，成为身份地位的象征（图九）。内蒙古自治区敖汉旗萨力巴乡水泉村辽墓出土一件玉质骨朵，高8.8厘米、长8.4厘米、宽8.4厘米，扁球状，表面磨出菱形棱面，中间贯穿五角形孔，内嵌木柄，顶端加铜帽钉（图一〇）。

8. 玉柄锥、玉柄刀

辽代张家营子辽墓出土玛瑙刀1件，陈国公主墓出土玉柄银刀1件、玉柄银锥1件，平原公主墓出土玉刀柄1件，内蒙古多伦辽圣宗贵妃墓出土玛瑙柄龙纹鎏金银鞘短刀1件（图一一）。随身佩戴刀具是游牧民族特色习俗，玉质刀柄为上层贵族身份地位的象征，关于银锥的功用，孙机先生曾考证为刺鹅锥，与渔猎游牧活动有关。

图一一　玛瑙柄龙纹鎏金银鞘短刀（内蒙古多伦辽圣宗贵妃墓出土）

玉质臂鞲、骨朵、玉柄锥及玉柄刀等游牧民族特色器物与辽代四时捺钵的制度有关，契丹族四时迁徙游牧渔猎，建国后皇帝仍每年随季节变化到各地游猎巡察并处理国家大事，成为国家重要的政治制度。

9. 玉马具

马是游牧民族重要的生产生活牲畜，《辽史》中有周边属国进献宝马的记载。辽代墓葬中出土一定数量的玉马具，是彰显身份等级的重要礼仪器。成组的玉马具主要见于辽驸马赠卫国王墓和陈国公主墓。陈国公主墓共出土2组马具，节约为玉质三叶花和四叶花形、马胸带上装饰玉质马形或狻猊形饰件30—60件不等。

10. 玉器皿

《宋史·蔡京传》载："臣昔使契丹，见玉盘盏，皆石晋时物，持以夸臣，谓南朝无此。"辽代用玉质器皿较宋朝更为奢华。考古出土的贵族日常生活使用的玉质器皿有碗、杯、盅等。

辽宁建平县张家营子辽墓出土玛瑙碗1件，北京南郊西马场洋桥村赵德钧墓出土汉白玉大碗1件，陈国公主墓出土红玛瑙碗1件，辽宁义县清河门西山村第四号墓出土玛瑙碗1件，天津独乐寺塔出土玉碗2件。其形制可以分为两类，一类为圆口碗，敞口、弧腹，足分圈足和平底式；另一类为花口式碗，海棠花口状，斜腹，平底。圆口碗在辽代早中期墓葬中均有出现，其形制沿袭唐代遗韵；花口碗出现时间较晚，辽代中期墓葬才有发现。

玉杯和盅的出土数量较多，且极为精致。辽宁彰武高丽庙沟三号墓出土玛瑙盅1件，辽宁法库县叶茂台七号墓出土玛瑙杯2件，陈国公主墓出土玉杯8件，清河门西山村第四号墓出土玛瑙杯1件，内蒙古巴林右旗庆州释迦牟尼舍利塔出土龟首鹤尾杯1件，内蒙古商都县前海子村辽墓出土玉盅2只，内蒙古巴林右旗辽代金银器窖藏出土玉杯3只。出土的玉杯多为玛瑙材质，也有白玉、汉白玉及水晶杯和盅，

一些墓葬中还出土了玻璃杯。这些玉杯有圆口微侈（折沿）、弧腹、圈足等沿袭唐代样式的玉杯，也有海棠花口花杯、菊花花口玛瑙杯，陈国公主墓及朝阳北塔地宫出土两件筒形杯，敞口圆唇，平底，杯口沿处对称钻小孔系金链，配斗笠形银鎏金；吐尔基山出土的高足玻璃杯有明显的西域文化特色，而龟首鹤尾杯则蕴含着道教文化因素，从这些玉质杯形样式可以窥探辽代文化兼容并包的多元文化特性。

11. 玉首饰

辽代饰品单纯以玉石为材质的较少，通常是用金、玉等不同材质制成或镶嵌或缀挂的组合成器，出土数量较多的有头冠、簪、耳坠、颈饰、腕饰、戒指等。辽宁喀左北岭辽墓出土一对玉质飞天耳坠，飞天面呈男相，头戴宝冠，上身挺拔，双手胸前合掌，身裹飘带下裳长，露脚，腿脚上翘，高度不超过头部，下托云朵，头发向脑后延伸做弯曲状用作耳钩，此种形制的飞天耳钩仅见此一例。叶茂台3号辽墓出土玉耳坠1件，通体为玉质，呈C形，耳坠侧面有圆球突起，下部有饼状突起为装饰，这种样式的耳坠有学者称为U形耳坠，有学者认为是抽象鱼龙形耳坠。

契丹贵族承袭鲜卑佩戴戒指的习俗，吉林榆树县老河深鲜卑1号墓的女性墓主人左手五指各戴1枚戒指[7]；陈国公主墓出土发现17枚金戒指，公主双手佩戴11枚戒指，驸马双手佩戴6枚戒指；耶律羽之墓出土金戒指9枚，其中1枚为嵌玉盾形金戒指，1枚为嵌绿松石圆形金戒指；吐尔基山墓出土2枚蟾蜍形嵌绿松石金戒指；代钦塔拉3号辽墓出土7枚嵌绿松石金戒指，玉质戒面光素呈微圆弧面形。

12. 佛教玉器

辽代统治者崇信佛教，佛寺遍布全国，在佛塔塔基或天宫地宫中出土了数量可观的佛教文物，另外一些高级贵族墓中也有佛教玉器出土，较为集中出现于辽代中期的墓葬中。佛教用玉的工艺较为精致，造型有飞天、摩竭、迦楼罗神鸟、舍

图一二　玉飞天（赤峰市解放营子辽墓出土）

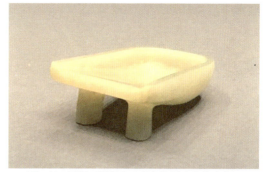

图一三　玉砚（通辽市奈曼旗陈国公主墓出土）

利罐、金刚杵、法螺及斧形器等。

辽代飞天玉器共出土3件：喀左北岭1号辽墓、解放营子辽墓、朝阳北塔天宫，均为镂雕饰件，具有强烈的时代特色，可辨识程度较高。以解放营子出土飞天为例，男相，细眼细高鼻，头戴宝冠，手臂佩镯饰，上身挺拔，着披肩飘带，下身裹长裙露脚，腿部向上飘飞状，高度不超过头顶，身下以云朵托衬（图一二）。

13. 文房类用具

辽代陈国公主及驸马合葬墓出土玉砚两方，一方为"凤"字形砚，砚两侧呈内弧，作"凤"字形，体厚重；另一方为箕形砚，圆首，两侧稍外侈，下端稍宽作"箕"形（图一三）。这两方玉砚均为北宋中原地区常见砚形，玉质均较为粗糙。陈国公主与驸马合葬墓后室中部与两方砚台同时出土一件玉质水盂，椭圆形四曲葵花口，口微敛，厚壁鼓腹，腹壁有凹沟装饰，平底。在刘宇杰和常遵化墓中还出土玉质围棋子，是辽代贵族的娱乐用品，也可见中原文化对辽代贵族的影响。

三、辽代玉器的纹饰和工艺

1. 辽代玉器的纹饰

辽代玉器主要承袭唐、五代的动物纹饰、胡人纹饰及受宋代文化影响的植物纹饰，这些纹饰符号传播进入草原丝绸之路成为辽代玉器文化的一部分。

（1）龙凤纹、鱼纹

辽代动物纹饰风格承袭唐代，躯体饱满粗壮，眼睛多用三角形或小圆点表示，龙纹、鱼纹的头部及鳞，凤纹头部及羽翅的表现方法均与唐代相似。辽代玉器出现龙纹的有陈国公主墓出土的龙凤纹盒形玉佩、玉组佩中的双凤纹坠，朝阳北塔天宫出土的玉坐龙。辽代龙纹承袭唐代龙纹的身形，龙身较短，肢体更加粗壮；梭形眼，嘴咧开较长，嘴角超过眼角，舌头长伸；身体粗壮似走兽，爪均为三爪；尾巴较粗，或夹于后腿之间，或从一条后腿下方穿出，不同于唐代龙纹尾巴缠绕于一腿上。整体构图饱满，较唐代刻画更为粗犷。凤纹传承唐代雕刻方法，凤头饰凤冠，梭形眼细长，喙部较尖，颈短身大，身上用阴刻线表示羽翅，凤纹气势远远不及唐代。辽代出土鱼形、鱼纹佩数量较多，玉整体做圆雕或片状圆雕，有的身体光素，抛光精致，有的鱼身饰以两组斜交阴刻线表示鱼鳞作为装饰；通常鳃部用单或双阴刻弧线表示，眼睛以小圆圈来表示，个别以唐宋动物纹常用的小点眼来表示眼睛。

（2）菊花纹

小刘杖子1号辽墓中出土7件菊花纹带饰，带饰上阴刻24曲花瓣纹，似绽放的菊花，长椭圆形花蕊。菊花纹饰在辽代铜镜上尤为多见，与玉带銙上的菊花纹表示方法一致，是受到中原宋文化影响的一种纹饰。

（3）人物纹

沙巴里浅浮雕胡人伎乐纹带，胡人伎乐纹盛行于唐代，辽代此纹饰玉带较唐代粗糙，为承袭唐代遗韵纹饰。

（4）山形纹

耿知新墓出土一副山纹玉带，由4件长方形带銙、7件团形带銙和1件圭形铊尾组成，带板上采用"池面隐起"装饰技法，剔地浅浮雕山形纹。山形纹分4层，每层由三个圭形组成，最上层和最下层指向正上方，中间两层所有斜插，表现出层峦叠嶂的山峰，线条多方折，风格刚劲有力。

2. 辽代玉器的工艺

契丹民族并无用玉传统，玉器的制作和使用取法中原。辽代早期出土软玉材质的器物寥寥无几，多为玛瑙、琥珀或水晶材质的散珠，应为璎珞散件。至辽代中期各种材质的玉器大量出现，材质佳、工艺成熟。据张景明《北方游牧民族的造型艺术与文化表意》介绍，在上京城西发现有辽代制玉作坊遗址，地表散落有大量玛瑙玉石碎片，其中有经过人工锤击过的毛坯。玉石表面多有砣具加工的痕迹，被铡过的玉片切割面规整平滑，切割线路明晰可辨。加工磨具中有大量磨具，有粗坯磨和细研磨两种，磨痕明显，还有擦磨内孔的工具，足见制作水平的高超，在主作坊周围还有许多小作坊，形成制玉的规模生产。

辽代玉器工艺有唐及五代工艺技巧，同时受到北宋工艺的影响，琢玉工艺有圆雕、片雕、镂雕、阴刻线雕等，风格粗犷、豪放。

图一四　交颈鸿雁玉佩
（通辽市奈曼旗陈国公主墓出土）

（1）圆雕

辽代圆雕动物造型玉器出土数量较多，材质有玉质白润的软玉、玛瑙和水晶等。动物通常为静卧状，整体造型浑圆，随料而雕，用梭形、小圆圈或小圆点来表示眼睛，身上装饰短阴刻线表示皮毛，惟妙惟肖，温顺可爱。例如白音汉窖藏发现白玉巧雕玉熊1件，玉熊拱背伏卧，身体浑圆，耳、颈、背、尾和爪部用短阴刻线作刻画，颈部和尾部鬃毛用黄褐色皮色进行了俏色巧雕。还有陈国公主墓出土的一件交颈鸿雁玉佩，为白玉所制，玉质极佳，双雁半圆眼，交颈伏卧状，身上用细阴刻线表示羽翅，颈背间有空，可供系链（图一四）。

（2）片雕与镂雕

辽代片状玉料通常采用浅浮雕、局部镂雕再加阴刻线装饰的技法表现人物、动物或植物。在五代及北宋时期，玉器的镂雕工艺大量应用，龙凤纹、蝴蝶、花鸟等玉饰往往采用大面积镂雕的方式表现，风格秀丽。辽代的镂空技法较唐宋玉器粗犷很多，典型器物有喀左北岭1号辽墓、解放营子辽墓和朝阳北塔天宫出土的3件飞天，均为片状浅浮雕、局部镂雕的工艺技法，眼鼻、宝冠等部位用阴刻线刻画，浅浮雕表示上身挺拔着披肩飘带，下身裹长裙露脚，衬于身下的云朵采用镂雕的方法；朝阳北塔天宫中出土的玉坐龙采用片雕工艺，主要以斜交阴刻线表现身体鳞纹，以近平行的阴刻斜线表现睫毛、肘毛、胸和尾边缘部分。

（3）阴刻线装饰法

阴刻线装饰法是唐代玉器上大量使用的装饰技法，辽代玉器上也非常多见，用来表现衣纹褶皱、动物毛发、鱼龙鳞片及花草脉络等，线条苍劲有力，排列整齐，较唐代更多了些草原游牧民族的豪放、粗犷之风。阴刻线装饰法通常与其他琢玉工艺相结合，例如辽上京汉城出土击腰鼓人物牌饰采用"池面隐起"的方法使带銙上的纹饰具有立体感，主题纹饰则采用阴刻

图一五 击腰鼓人物牌饰（辽上京汉城出土）

图一六 双鱼玉佩（通辽市奈曼旗陈国公主墓出土）

线刻画的方式（图一五）。

四、契丹民族文化玉器的草原文化特色

辽代玉器充分反映了契丹民族的生活习俗和审美情趣。契丹民族将本民族文化与中原玉器文化相融合，开创了玉器发展史上极为宝贵的草原玉器文化新篇章。以下四个方面是辽代玉器文化最具代表性特征。

1.随水草就畋渔，岁以为常

渔猎和游牧是契丹民族最主要的生产生活方式，虽然辽代不断南进西扩统治了面积广大的汉人农耕区域，但契丹本民族坚持游牧和渔猎的生产生活方式，并在玉器题材和造型上反映了强烈的渔猎民族情感，制作了大量以鱼为题材的玉器作品（图一六），以及生活于水畔的天鹅、鸿

雁、鸳鸯等题材的玉器，还有处理猎得的鱼而使用的玉柄刺鹅锥、玉柄刀。玉鱼、玉水禽多以上乘白玉精心雕琢而成，为高级贵族所拥有。

2.车马为家，四时迁徙

契丹民族过着车马为家、四时迁徙的生活，马对于契丹民族是必不可少的，并且与契丹人相依相伴，奢侈华丽的马具一方面是契丹高级贵族身份地位的象征，另一方面也是游牧民族爱马宠马的表现方式（图一七）。另外契丹民族衣冠装饰和生活用具多能适于马上生活，很多玉器都配有金属链用以佩挂，方便携带，特别反映出契丹人游牧民族生活习俗及民族情感。

3.四时捺钵，周而复始

四时捺钵是契丹民族最重要的政治体制，是在游牧民族生活习性基础上开展的独特政治生活。《辽史》中有关于春捺钵、夏捺钵、秋捺钵、冬捺钵活动内容的记载，并且配有相应的仪式、仪仗。如春天捕猎天鹅是捺钵活动的重头戏，设有"头鹅宴"，除此之外还有打雁、捕鱼等活动，在春捺钵活动中玉柄刺鹅锥、玉臂

图一七 镶玉银马络头
（通辽市奈曼旗陈国公主墓出土）

图一八 带鞘玉柄银锥
（通辽市奈曼旗陈国公主墓出土）

图一九　玛瑙臂鞲（赤峰市大夫营子辽墓出土）

鞲发挥了重要作用（图一八、图一九）。而秋天则是狩猎鹿、熊等森林动物，春秋捺钵正是后来"春水""秋山"玉器题材的源头。夏冬主要是避暑避寒。同时还有拜天射柳、祭山祭祖、商讨国事、处理政务等活动，于游牧活动的同时完成国家的治理。

4.兼容并包，文化交融

辽政权统治区域是草原丝绸之路要道，受到汉文化、西域文化、草原游牧文化多重文化因素的影响，契丹人采取"以国制治契丹，以汉制待汉人"的方法，既吸取到了中原文化的精华又保持了契丹本族的民族特性。契丹人在坚守本民族文化特性的同时也不断与外来文化相融合。《辽史·宗室·义宗倍传》记载："时太祖问侍臣曰：'受命之君，当事天敬神。有大功德者，朕欲祀之，何先？'皆以佛对。太祖曰：'佛非中国教。'倍曰：'孔子大圣，万世所尊，宜先。'太祖大悦，即建孔子庙，诏皇太子春秋释奠。"[8]正是契丹民族兼容并包、吸收与融合的民族精神，我们在辽代玉器中看到多种文化因素的交融与碰撞。风格独特的辽代玉器文化也成为玉器文化走向草原丝绸之路的开端。

表一　辽代出土玉器情况

省份	出土地点	出土玉器	备注
内蒙古	科尔沁左翼后旗呼斯淖契丹墓	玛瑙勾舌形马具饰件	契丹建辽前
	乌兰察布市凉城县水泉M26、M27	白玉饰件1，灰黑色玛瑙带銙6，玛瑙臂鞲1，玛瑙珠饰13	契丹建辽前
	巴林右旗敖包恩格尔辽墓	玛瑙串珠1串	辽代早期
	巴林右旗太祖陵	青玉石雕刻像1，滑石印1	辽代早期
	巴林左旗龟趺山建筑基址（祖陵建筑基址）	水晶构件	辽代早期
	阿鲁科尔沁旗耶律羽之墓	嵌玉金戒指1，白玉带銙2，玛瑙臂饰1，玛瑙管若干	太宗会同五年（942）
	赤峰辽驸马赠卫国王墓	玉饼（柄？）2，玛瑙节约8，玛瑙鞶饰68，玛瑙管6	穆宗应历九年（959）
	敖汉旗沙里巴辽墓	白玉胡人伎乐带銙9，白玉胡人伎乐铊尾1，玛瑙球形骨朵柄尾饰1，玛瑙饰3，水晶腰形饰1，扁圆形水晶饰2，菱形水晶饰7	辽代早期
	克什克腾旗二八地一号墓	玛瑙串珠32粒，水晶饰3	辽代早期
	敖汉旗沙子沟一号辽墓	白玉勾马具饰件1，玛瑙管及坠5	辽代早期
	敖汉旗大横沟一号辽墓	白玉勾马具饰件1	辽代早期
	通辽市吐尔基山辽墓	嵌玉马具带饰，玛瑙手链、璎珞	辽代早期
	赤峰哈拉海沟辽墓	玛瑙臂鞲1，玛瑙珠3	辽代早期
	阿鲁科尔沁旗花根塔拉辽墓	包金玛瑙饰件1，玛瑙管6，包金水晶柱1，包金水晶鸡心吊坠1	辽代早期
	喀喇沁旗上烧锅一号墓	玉质手镯2个	辽代早中期
	喀喇沁旗上烧锅四号墓	玛瑙制鞋拔1，玛瑙串珠15	辽代早中期
	通辽县二林场辽墓	白玛瑙球饰6，白玛瑙牌饰52	辽圣宗前期
	内蒙古林西县五间房辽墓	玛瑙珠8件	辽代早期晚至中期早

省份	出土地点	出土玉器	备注
内蒙古	内蒙古多伦辽圣宗贵妃墓	金镶玉龙纹玉捍腰、银丝链玉组佩、玛瑙柄龙纹鎏金银鞘短刀、玛瑙罐、银盖水晶盒、滑石孔兔	圣宗统和十一年(993)
	哲里木盟奈曼旗陈国公主墓	各式玉制品300余件	圣宗开泰七年(1018)
	商都县前海子村辽墓	玉盅2，玛瑙若干	辽代中期（辽圣宗前后）
	库伦旗库伦三号辽墓	白玉髓钱1，玉髓串珠1，水晶金刚杵1	辽代中期（圣宗末兴宗时期）
	哲里木盟科左中旗小努日木辽墓	玉带饰76件	辽代中期
	昭盟巴林右旗庆州古城	僧帽雕花玉饰片数件	辽圣宗太平十一年（1031）
	宁城县武官营子村辽代石函	白玉环3，水晶珠22，碧玺2	辽兴宗重熙十四年（1045）
	巴林右旗庆州释迦佛舍利塔	汉白玉经幢76，龟首鹤尾水晶杯1	重熙十六至十八年（1047—1049）
	察哈尔右翼前旗豪欠营大队湾子山	铜刀玉柄2件、玉环2件⑨	辽代中晚期
	解放营子辽壁画墓	玉蹀躞带1组，白玉飞天1，玛瑙饰件若干	辽代中期以后
	库伦旗一号辽墓	水晶金刚杵1	辽道宗时期
	昭乌达盟宁城县小刘仗子墓	白玉带饰16，白玉三角形饰片6，玉竹节2，玉珠若干	辽代晚期
	阿鲁科尔沁旗朝克图东山辽墓M4	绿松石珠12	辽代晚期
	巴林右旗辽代金银器窖藏	汉白玉石杯1，白玉熊1	辽代晚期
	喀喇沁旗吉旺营子辽墓	水晶鱼1，水晶鼠1	辽代晚期
	科左后旗呼斯淖	白玛瑙质，蝉形⑩	
辽宁	建平县张家营子辽墓	玛瑙碗1，玛瑙刀柄1	辽代早期
	建平县朱碌科辽墓	玛瑙珠饰3，玛瑙管9	辽代早期
	阜新海力板墓	玛瑙带饰6	辽代早期
	阜新南皂营子一号辽墓	玛瑙珠饰57	辽代早期
	彰武县彰武高丽庙沟M3	玉龟1，玛瑙盅1，红玛瑙管5，绿松石管9	辽代早期
	北票水泉一号墓	带饰2，龙鱼形石坠1	辽代早期
	锦州市张扛村一号墓	玛瑙璎珞饰8	辽代早期
	张扛村二号墓	玛瑙璎珞饰9，白色瓦状玉饰1	辽代早期
	康平县张家窑二号墓	玉带饰8	辽代早期
	康平县上沙金村辽墓	桃形玉饰件	辽代早期
	法库县叶茂台7号墓	玛瑙4，水晶3	辽代早期
	建平县大西沟辽墓	白玉花叶形玉坠1，白玉亚腰形饰16	辽代早中期
	朝阳杜杖子	玛瑙杖首1，玛瑙饰件⑪	早中期
	朝阳县耶律延宁墓	青玉饰件10	辽圣宗统和四年（986）
	建平县炮手营	玛瑙璏饰6	辽圣宗统和十年（992）
	朝阳市刘宇杰墓	玛瑙围棋子4，水晶围棋子2	辽圣宗统和十八年（1000）
	朝阳市前窗户村辽墓	玛瑙璎珞饰6，水晶槌斧1	辽统和二十二年（1004）
	朝阳市常遵化墓	黑白玛瑙围棋子372	辽圣宗统和二十六年（1008）
	朝阳市耿延毅墓	水晶珠121颗，绿松石佩饰1	辽圣宗开泰八年（1019）
	朝阳市耿知新墓	玉带饰12，水晶珠13	辽圣宗太平六年（1026）

续表

省份	出土地点	出土玉器	备注
辽宁	朝阳市耿氏家族3号墓	玛瑙马具辔饰101件	辽圣宗时期
	阜新蒙古族自治县大巴镇关山辽墓M7	玛瑙、水晶、绿松石饰件若干	辽代中期
	建平县唐家杖子辽墓M2	玉石饰13，玉珠1	辽代中期
	北票白家窝铺辽墓	玛瑙辔饰21枚	辽代中期
	喀左北岭1号墓	玉飞天2，玛瑙珠管若干，绿松石珠6	辽代中期
	生物县东平村辽墓	半月牙形玉带钩1，三角形玉玦状器1	辽代中期
	义县清河门西山村第三号墓	玉石质环2，竹节状白玉1，花形玉冠饰1	辽中后期
	义县清河门西山村第四号墓	玉盒2，玉发簪1，玛瑙碗1，玛瑙杯1，玛瑙带饰5，璎珞珠39	辽中后期
	阜新县平原公主墓	玉刀柄1，竹节状器1，玉环1，玉币1，玉簪1	辽兴宗重熙二十年（1051）
	法库叶茂台二号墓	玛瑙带1组	辽代中晚期
	朝阳北塔	玉璧2，玉环2，玉飞天1，玉龙1，玉雁1，玛瑙斧1，玛瑙舍利罐1，水晶水禽1，水晶兽2，水晶龟1，金刚杵1	辽重熙年间
	阜新县红帽子乡辽塔	金链竹节形玉盒1，白玉小杯2，玉坠2，	辽代中晚期
	朝阳赵匡禹墓	玉带饰2，水晶饰2	辽清宁六年（1060）
	北票耶律仁先墓	玉带板	辽咸雍八年（1072）
	阜新市彰武县程沟辽墓	玉鸟1，水晶珠饰4	辽代晚期
	新民县巴图营子辽墓	玉板6，玛瑙珠1	辽代晚期
	法库县叶茂台23号墓	玉饰件2，玉纽扣形器7，玉带扣1，玉带饰1，玛瑙珠52，黑曜石围棋子21，	辽代晚期
	彰武县小南洼城址	玉饰件2，玉猴1	延续到辽末
	义县双山口羊彪沟一号墓	玉飞天1，小型勾玉1，玛瑙管若干	辽代
	凌源县小喇嘛沟M1	玉石带若干	辽代
北京	南郊西马场洋桥村赵德钧墓	汉白玉大碗1	辽天显十二年至应历八年（937—958）
	西郊沙沟村西翠路辽墓	玉带扣	辽代早期
	顺义县辽净光舍利塔	水晶佛塔1	统和二十五年到开泰二年（1007—1013）
	通县辽塔地宫石函	翠片2，水晶卧兔1，水晶串珠1	辽圣宗统和末年至开泰初年
	房山县郑村辽塔	玉质开平元年残石刻1，水晶珠1串	辽兴宗重熙二年（1033）
	房山区辽天开塔	水晶瓶1	辽乾统十年（1110）
天津	蓟县独乐寺塔	玉碗2，玉葫芦瓶1，玉瓶1，玉环1，鸡心形玉饰1，水晶龟形盒1，水晶狮形饰1，水晶海螺1，水晶罐2，水晶璎珞串珠若干，玛瑙裂裟环1	辽统和四年（986）
河北	张家口宣化	白玉椭圆形环1件⑫（色泽纯白，玉质细腻，光泽度高）	辽晚期至金中期
	承德县辽代窖藏	玉环1，玉饰件7，水晶鱼1，水晶珠10，绿松石若干	辽代早期
	张家口张世本夫妻合葬墓	玉鸟形饰1	辽道宗大安九年（1093）
吉林	姚安丰满辽墓	玉吊坠2	辽代早期
	双辽县高力戈辽墓群	扁管状玉耳饰2	辽代晚期
	扶余县西山屯辽金墓	玉銙18块	辽金时期

省份	出土地点	出土玉器	备注
吉林	前郭尔罗斯蒙古族自治县塔虎城	玉质围棋子9	辽金时期
	永吉县官通老城	玉带扣	辽代
	永吉县大常古城	玉璧，玉石人	辽代
	永吉县官通老城	玉带扣	辽代
	永吉县大常古城	玉璧，玉石人，玉石兽	辽代
黑龙江	绥滨县东平村辽墓	玉璧耳环2，玉璧1，玛瑙珠1	辽代中期
	齐齐哈尔富拉尔基1号墓	玉佩1，月牙形饰1，玉佩带1	辽代晚期
	绥滨县新城辽墓M1	玛瑙珠9	辽代末期
	绥滨县奥里米M8	玉串珠1串	辽代末期
	绥滨县水生墓群	玉佩饰4，镶玛瑙金耳坠1	辽代末期
	绥滨县奥里米古城墓葬群	绿玉佩饰1，玉璧1，玉佩饰1	辽代末期至金代
山西	应县佛宫寺施加塔	水晶葫芦1，水晶珠2	辽清宁二年（1056）

① 郑承燕：《辽代贵族丧葬制度研究》，南开大学博士毕业论文，2012年。

② 沈阳市文物考古研究所：《辽宁康平发现辽代契丹贵族墓群》，《中国文物报》2018年3月22日第8版。

③ 《辽史·礼志》载："柴册仪：择吉日，前期，置柴册殿及炭……翼日，皇帝出册殿，护卫太保扶翼升坛。奉七庙神主置龙文方茵。北、南府宰相率群臣圜立，各举毡边，赞祝讫，枢密使奉玉宝、玉册入。有司读册讫，枢密使称尊号以进，群臣三称'万岁'，皆拜。"中华书局，1974年，第836页。

④ 《辽史·礼志》载："皇帝受册仪：前期一日，尚舍奉御设幄于正殿北墉下，南面设御坐，奉礼郎设官僚客使幕次于东西朝堂。……至日，押册官引册自西便门入，置册案西阶下。"中华书局，1974年，第857页。

⑤ 孙机：《近年内蒙古地区出土的突厥式金银器》，《文物》1993年第8期。

⑥ 冯恩学：《蹀躞带——契丹文化中的突厥因素》，《文物季刊》1998年第1期。

吉林省文物工作队、长春市文管会、榆树县博物馆：《吉林榆树县老河深鲜卑墓群部分墓葬发掘简报》，《文物》1985年第2期。

⑦ 《辽史》，中华书局，1974年，第1209页。

⑧ 陆思贤、杜乘武：《察右前旗豪欠营第六号辽墓清理简报》，《文物》1983年第9期。

⑨ 张柏忠：《科左后旗呼斯淖契丹墓》，《文物》1983年第9期。

⑩ 朝阳市博物馆、朝阳市龙城区博物馆：《辽宁朝阳杜杖子辽代墓葬发掘简报》，《文物》2014年第11期。

⑪ 张家口市宣化区文物保管所：《河北张家口宣化辽金壁画墓发掘简报》，《文物》2015年第3期。

（作者单位：北京市文物进出境鉴定所）

北京已发现的金元两代水关遗址之比较分析

王晓颖

一、何谓"水关"

《辞海》："水关"即水上关口，旧时穿城壁以通城内外水的闸门。城墙上的过水孔洞可统称水门或水关，而按照功能又分为两种：通航的水门（狭义水门），及不通航仅通水的水窗或水涵洞。郭湖生对水门、水窗的定义：水门，可当河道入城处，可以开闭，以保证城市安全。水门的构造类似水闸，但性质根本不同。设水门的目的是断航，但不遏制水流，因此门作栅格状。设水闸的目的是遏水不流，因此门板密实无缝①。从以上定义可知，"水关"首先是和城墙相关联，修建于城墙下。其次，"水关"的主要功能是连接城墙内外之水系。最后，"水关"在建筑设计及功能上有可通航和不可通航之分。这些特点就是"水关"区别于古代城市其他排水设施之处。此外，"水涵洞"一词在已发现的古代城市排水设施中会被常做应用，容易与"水关"发生混淆，水涵洞不只设于沟道河渠与城墙交接处，桥梁街巷下排水涵洞皆可称为水涵洞。

二、北京已发现的金元水关

1. 金中都南城垣水关遗址：众所周知，北京的建都史始于金代——金中都。1990年10月，北京市园林局在右安门外的玉林小区建宿舍楼。在4米深的地下，施工人员忽然发现一些排列整齐的石板和

木桩。一位具有高度文物意识的园林局职工向文物部门反映了这一情况。考古人员到现场后，配合施工进行了局部清理，证实这是一处大型建筑。1991年3月至6月，有关部门进行了考古发掘，将水关遗址全部发掘出来。水关的位置是在金中都景风门西侧的城垣下。它表明，金中都城内的水，从北向南经过水关流入城外的护城河。所以，水关北部为入水口，南部为出水口。现存的水关遗址主要由城墙下过水涵洞底部的地面石、洞内两厢残石壁、进出水口两侧的四摆手及水关之上的城墙夯土组成。它平面呈"﹞﹝"形，南北向，南距今凉水河（中都南护城河）50米。它全长43.4米，过水涵洞长21.35米，两厢石壁宽7.7米。出水口和入水口分别宽12.8、11.4米。进出水口及泊岸两侧设有撅石桩。底部过水面距现地表5.6米。水关是木石结构的建筑（图一）。它的建造过程是：最下层密植木桩，桩之间用碎石、碎砖瓦及沙土填充夯实。木桩之上放置排列整齐的衬石枋，衬石枋上又铺设地面石。衬石枋与枋下的木桩使用榫卯结构相连接，衬石枋之间用木银锭榫相连接，衬石枋与石板以铁钉相连，石板之间用铁银锭榫相连。上下相叠的石板则在中间凿孔，再用木桩像穿糖葫芦一样把石板穿起来，即"铁（木）穿心"。木桩、衬石枋、石板紧密相连，整体坚固。建造这一工程用了约1800根1至2米的木桩、530立方米的成材石料、2500个铁银锭榫。它

图一　金中都南城垣水关全貌（图片来源于内部资料）

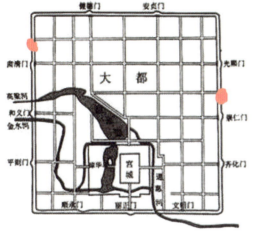

图二　元大都东、西城墙水关位置示意图
（作者改绘自网络图片）

所用人工的数量可想而知。它的底部建筑结构是现存中国古代都城水关遗址中体量最大的。为了保护这一遗址，园林局建楼时让出了两个单元的地方。北京市政府于1990年12月做出了建立博物馆的决定。1995年5月1日，坐落于遗址之上的北京市辽金城垣博物馆正式开馆，目前是北京唯一一座集中展示辽金时期历史的专题性遗址博物馆。

2.元大都城垣水关遗址：迄今为止在北京发现的有三处，分别是元大都东城墙水关（转角楼水关）、元大都西城墙水关（学院路水关）、元大都北城墙水关（塔院水关）。

东城墙水关位于元大都东城墙中段，现转角楼附近，一般称为转角楼水关。西城墙水关位于元大都西城墙北段，现学院路附近，一般也称为学院路水关（图二）。二者同期被元大都考古队进行

发掘，并且形制、构造大体相同。两处水关都是在夯筑城墙之前预先构筑的，在土城废弃后，都遭到了严重的破坏，从其残存的底部尚可看出涵洞的结构情况。水关的底和两壁都用石板铺砌，顶部用砖起券。洞身宽2.5米，长约20米左右，石壁高1.22米。水关内外侧各用石铺砌出6.5米长的出入水口。整个水关的石底略向外作倾斜。在水关的中心部位装置着一排断面呈菱形的铁栅棍，栅棍间的距离为10—15厘米。石板接缝之间勾抹白灰，并平打了许多"铁锭"。水关的地基则满打"地钉"（木橛），在"地钉"的榫卯上横铺数条"衬石枋"（横木）。然后即将地钉榫卯间掺用碎砖石块夯实，并灌以泥浆。在此基础上，铺砌水关底石及两壁[2]（图三）。

元大都北城墙水关位于北城墙的西部，东距北太平庄路244.5米，西距花园路37.5米，南对通恒大厦，北对牡丹电子集团。该水关共发掘清理总面积245平方米。水关结构由水关基础、顶部券砖、券洞砖基、水关涵洞北口砖墩组成[3]。元大都北水关洞高3.45米，底部石条宽4米（水关洞壁东西宽2.95—3米），南北长14.5米，南侧延伸出发掘探方。基础用石条和白灰浆勾缝坐底，错缝垒

图三　地钉与衬石枋（图片来源于内部资料）

图四　元大都北城墙水关（作者自摄）

砌。石条不规则，大小薄厚不等，共7层，高1.5—1.6米。石条与石条间四面都有铁锭加固，大部分铁锭已破坏，留下石条间的凹槽，凹槽长0.24—0.26米，两头宽0.1—0.13米，中间宽0.06—0.08米，底部还残留铁锭7块。水关顶部为青砖与白灰错缝砌筑，现留券砖两层，据考古现场观察推断，水关券顶应为三层券砖所筑④。现存两层券砖的用砖规格为0.34米×0.17米×0.05米。铁栅在水关中部，东西向排列，上部铁栅已无存，留下底部菱形栅孔九个，孔深0.12米，根据考古发掘报告可知，水关中的铁栅栏至少是十四根菱形铁柱组成⑤。水关北口保存较好，洞面砌筑整齐，由两层券砖砌制，洞口两侧各有一砖墩。砖墩底部为长方形，下方压有一块东西宽0.85米、南北长1米、厚0.2米带有题记的石条。目前元大都北城墙水关坐落在元大都城垣遗址公园，供人参观游览（图四）。

以上是目前北京地区已发现的金元两代水关遗址的概况，为方便了解情况及进行比较，如表一：

三、金元水关比较分析

北京已发现的金元两代城墙水关，最明显的共同点就是二者的建筑形制，大体上均依据宋《营造法式》这一建筑规范里有关"卷辇水窗"和"卷辇河渠口"之制。《营造法式》中"卷辇水窗"："用长三尺，广六尺，厚六寸石造。随渠河之广。如单眼，自下两壁开掘至硬地，各用地钉（木橛）打筑入地（留出卯），上铺衬石方三路，用碎砖瓦打筑空处，令与衬石方平；方上并二横砌石涩一重；涩上随岸顺砌并二厢壁版，铺垒令与岸平。（如骑河者，每段用熟铁鼓卯二枚，仍以锡灌。如并三以上厢壁版者，每二层铺铁叶一重。）于水窗当心，平铺石地面一重；于上下出水入水处，侧砌线道三重，其前密钉擗石桩二路。于两边厢壁上相对卷辇。（随渠河之广，取半圆为卷辇捲内圆势。）用斧刃石斗卷合；又于斧刃石上用斗背一重；其背上又铺石段二重；两边用石随捲势补填令平。（若双卷眼造，则于渠河心依两岸用地钉打筑二渠之间，补填同上。）若当河道卷辇，其当心平铺地面石一重。用连厚六寸石。（其缝上用熟铁鼓卯与厢壁同。）及于卷辇之外，上下水随河岸斜分四摆手，亦砌地面，令与厢壁平。（摆手内亦砌地面一重，亦用熟铁鼓

表一　北京地区已发现的金元时期水关遗址对比表

名称	位置	保存现状	规格	有无铁栅	有无地钉	所用建筑材料	有无砖墩
金中都南城垣水关	丰宜门与景风门之间	基础完好	长43.4米，宽7.7米	无	有	木、铁、石	无
元大都东城墙水关	光熙门与崇仁门之间	破坏，底部残存	长20米，宽2.5米	有	有	木、铁、石、砖	无
元大都西城墙水关	肃清门以北	破坏，底部残存	长20米，宽2.5米	有	有	木、铁、石、砖	无
元大都北城墙水关	健德门以西	破坏，北口保存较好	长14.5米，宽4米	有	无	木、铁、石、砖	有

卯。）地面之外，侧砌线道石三重，其前密钉撅石桩三路。""卷輂河渠口"篇："垒砌卷輂河渠砖口之制，长广随所用单眼卷輂者，先于渠底铺石地面一重，每河渠深一尺，以二砖相并垒两壁，砖高五寸；如深广五尺以上者，心内以三砖相并，其卷輂随圜分侧用砖，其上缴背顺铺条砖；如双眼卷輂者，两壁砖以三砖相并，心内以六砖相并，余并同单眼卷輂之制。"⑥（图五）金元两代水关的发掘，一方面用实物印证了《营造法式》，另一方面也可反映出宋代以后建筑规范的标准化和延续性。

尽管在建筑形制上金元两代水关有异曲同工之处，但根据考古发掘的具体情况，细究二者仍有诸多不同之处，值得比较、分析。

首先，根据文中列表所示，金中都南城垣水关规模明显大于元代三处水关，保存也较为完好。建筑遗迹规模的大小可以反映当时城市建设历史背景的不同。究其背景如下：金中都的建立是金代第四位皇帝完颜亮为了摆脱女真宗室贵族的束缚，加强中央集权制的重大举措。不仅开辟了金代历史的新篇章，同时也揭开了北京作为都城的开始。完颜亮本人汉化程度深，崇尚中原汉族文化，在中都营建时，极力效仿北宋都城汴京（今河南开封），"命左右丞相张浩、张通，左丞蔡松年调诸路民夫，筑燕京，制度如汴"⑦。天德三年（1151），完颜亮正式发布《议迁都燕京诏》，"役民夫八十万，军匠共四十万"⑧。从金中都南城垣水关测算建筑材料的数量大致可反映出修建水关时所用人工的数量也是十分可观的。约用去1800根1—2米长的木桩，约用成材石料530立方米，2500个铁银锭榫。贞元元年（1153），宫城竣工，正式迁都。同时，完颜亮将皇陵也安置在金中都，位于今房山区云峰山。在迁都后，完颜亮下令将原来的都城金上京撤销留守衙门，罢上京称号，只称会宁府。这些举措表明了他将金中都作为政治中心的决心。

元代在元大都建立之前是以元上都（今内蒙古锡林郭勒盟正蓝旗敦达浩特镇）为政治中心的，初名开平府。金天兴三年（1234）灭金后，也并未有迁都的意愿。直至"至元元年八月，刘秉忠请定都于燕，主从之，诏营城池及宫室，仍号为中都"⑨。《元史·地理志》："世祖至元元年，中书省臣言：'开平府阙庭所在，加号上都……四年，始于中都之东北置今城而迁都焉。九年，改大都。'"⑩至元十三年（1276），大都竣工。从史料记载的时间线上可看出，在修建时间上元大都比金中都漫长，元统治者相比金代，并未有急迫的需求去迁都。即便元大都建成后，元统治者也一直奉行两都巡幸制度。皇帝每年春季从大都出发到上都，在上都消暑后，于秋季返回大都。元统治者并未将元大都定位为唯一的政治中心。

金代水关遗址之所以保存相对完好，是与元初建立大都，耗时漫长有关。元统治者保留了金中都原有的皇城用来居住，直到大都建成，迁至新的城址后，金中都的城池才被逐渐废弃，根据金中都南城垣水关发掘的地层关系也可印证该水关在元代早期仍在使用。因此金代水关并未毁于战火，所以得以很好地保存下来。

其次，水关功能的不同。从上文列表可知，金元两代水关另一个明显的区别就是元代三处水关均设有铁栅，金代水关并未发现。从表象看，这与水关规模大小有一定关系，其实是水关功能的区别，即该水关是否具有通航的功能。元代三处水关铁栅的发现，可以初步断定元代水关不具备通航功能。从形制和规格来看，元代水关上的铁栅不是用来遏制水流，而是防人潜入而设，是一种固定在水关上的装置，不方便随时开合。金代水关未有铁栅发现，但也未发现有直接的实物证明或史料记载来说明金代水关具有可通航功能。但是笔者通过数据分析，进行纵向对比，针对金中都南城垣水关是否具有通航的可能性得出初步结论，供大家参考、指正。水关能否通航取决于水关城门的高度和宽度。只有这两点都符合当时船只通过的标准，该水关才具有通航的可能性。宋金元时期的槽船宽度大多为4—5米，比如已出土的静海宋船，是适用于运河浅河道的散装运粮船，宽4.05米。《清明上河图》中的汴河船，宽约5米。河北磁县出土的六只元代内河木船宽度都在2.6—3米之间。由此可见，水关若能行船，跨度应大于5米。元代三处水关跨度均小于该数据，故再次印证其不具备通航功能。

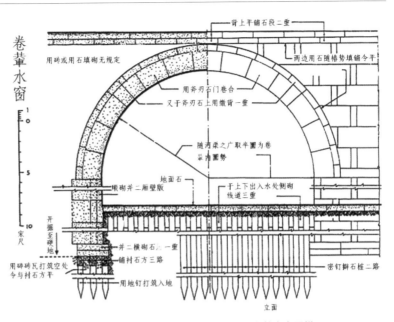

图五　梁思成《营造法式注释》卷上之卷輂水窗图样

金中都南城垣水关的宽度已知是7.7米，所以水关的高度是能够通航的关键所在。从建筑学角度考虑，水关的城门高度是拱券券高加上水关两厢石壁的高度[11]。宋金元时期水关拱券为半圆，拱券矢高应为跨度的一半。那么金中都南城垣水关的拱券券高应为7.7米的一半，即3.85米。如果再得出水关两厢石壁的高度，就可以推算出金中都南城垣水关的城门高度了。但水关遗址的地面建筑已不存在，现只有残存石壁高0.9米，长18.5米。从《营造法式》可知，单眼卷輂者，河渠每深一尺（约等于0.33米），二砖相并垒两壁，砖高五寸（约等于0.166米），如果河渠深广五尺（约等于1.66米）以上，心内以三砖相并。由此，河渠的深度和宽度会影响到两厢石壁的高度和卷輂的层数。河渠越深广，石壁的高度越高，卷輂层数亦增加。元大都北城墙水关遗址可提供实物印证，该水关顶部券砖现留有两层，从现场观察来看，内券砖面上残留白灰痕迹，且不光滑。洞壁基础所留距离同样可以增加一层

的尺寸，内壁还应砌有一层券砖，所以可以断定水关券顶应为三层券砖所筑[12]。元大都北城墙水关宽度为4米，那么拱券券高就是2米，据遗址中两厢石壁高1.5—1.6米，可知元大都北城墙水关城门高度是3.5—3.6米。又因为金中都南城垣水关宽度大于元大都北城墙水关，两厢石壁高度随比例也应高于元大都水关，并且可推测出卷輂是三砖相并而制。按照元大都北城墙水关拱券券高和两厢石壁高度的比例关系，推算出金中都南城垣水关的两厢石壁高度应在2.88—3.05米，水关的城门高度应在6.73—6.9米。

金中都南城垣的水关城门高度已推算得出了结果，水关能否通航的另一因素就是当时船只的宽度和高度。金代用于漕运的船只大多来源于北宋，已出土的静海宋船，是适用于运河浅河道的散装运粮船，宽4.05米。《清明上河图》中的汴河船，宽约5米。金中都南城垣水关符合当时船只通过的宽度。至于船只的通行高度可参考宋金时期所建拱桥的高度。《营造法式》中有关"卷輂水窗"和"卷輂河渠口"（即拱桥）的建筑方法类似，二者可互相参考。船能通过水关的高度，也应能

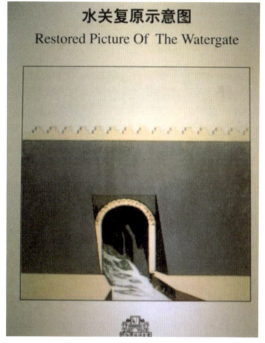

水关复原示意图
Restored Picture Of The Watergate

图六 金中都南城垣水关复原图（图片来源于内部资料）

从河上穿桥而过，结合当时拱桥的高度范围，如果水关城门地面以上高度低于5米，就难以满足不同高度的船只出入。

宋时有据可查的拱桥拱高为5—9.85米。如果水关城门高度高于5米，就是有通航的可能性。综上分析，金中都南城垣水关具备通航的可能性，这也是有别于元代三处城墙水关遗址的又一发现（图六）。

最后，只有元大都北城墙水关北口两侧各有一砖墩，其他三处水关遗址均未见。有关砖墩的具体描述如下：北洞口两侧各有一砖墩，底大上小呈梯形，从底层开始逐层内收0.03米，直至顶部和洞顶砖平齐，高2.6米，由青砖与白灰错缝重叠砌制，内用砖规格不同，外包边砖齐整。西侧砖墩底部为长方形，东西宽1.66米，南北长1.45米，南侧向内延伸0.7米，砖墩顶部被夯层所叠压，砖墩底部压在石条基础之上。东侧砖墩，砌法同西侧，底部东西宽1.66米，南北露出部分1.28米；南侧向水关内延伸0.7米，南北共长1.98米，高2.5米，38层砖。砖墩底部下压有

一块东西宽0.85米、南北长1米、厚0.2米带有题记的石条。这块石条东西宽0.85米，露出部分0.6米；南北宽1米，露出部分0.6米[13]。砖墩的作用目前无从考证，但是砖墩下所压石条上的题记值得分析。石条上刻铭字迹清晰可见："至元五年二月石匠作头"，明确了该水关的确切纪年。元朝的纪年有两个时期出现至元年号，一是元世祖忽必烈时期，公元1264为至元元年，另一是元惠宗时期，公元1335年为至元元年。那么元大都北城墙水关北口发现的这块题记砖上的年号是前至元还是后至元呢？从前文所引用史料得知，世祖忽必烈于至元元年，奏准了刘秉忠请定都于燕的建议，诏营城池及宫室。《元史·世祖本纪》："（至元）四年春正月，……城大都。"[14] "至元十一年春正月己卯朔，宫阙告成，帝始御正殿，受皇太子诸王百官朝贺。"[15]从建筑工艺角度看，水关修建与城墙是同时进行，甚至在夯筑城墙前预先构筑，不可能在城墙修建完毕后施工建设。从以上时间线上来看，至元五年（1268）正处于大都城建造期间。所以，该题记上所记至元年号应是元世祖忽必烈时期。

四、结语

通过以上比较、分析可知，金中都南城垣水关遗址不论从规格还是功能性都高于元代三处水关遗址，保存也相对完好，是目前北京地区唯一一处以遗址博物馆形式保护的水关遗址。金中都、元大都在北京都城史上都留有浓重的一笔，遗留的城市建筑具有承前启后的作用，对其研究、分析是为了更好地保护和利用。水关作为城市水利设施的组成部分，可以反映其所在时期的历史背景，牵涉到城市的兴衰，考证城墙的位置、功能，城市水系的变迁等方面。

但是，随着城市发展，遗址周遭环境变化等因素的影响，水关遗址持续性保护

面临着新的问题，需要多学科综合考量。古代城市发展留下的文化遗产既是财富也是挑战，如何应对，解决发展与保护之间的矛盾，是我们必须面对的问题。

① 郭湖生：《中国古代城市水工设施概述》，《中华古都》，空间出版社，2003年。

② 中国科学院考古研究所、北京市文物管理处（元大都考古队）：《元大都的勘查和发掘》，《考古》1972年第1期。

③④⑤⑬ 李华：《元大都北土城花园路段城墙勘探及水关遗址清理简报》，《北京考古》第一辑，北京燕山出版社，2008年。

⑥ 潘谷西、何建中：《〈营造法式〉解读》，东南大学出版社，2005年。

⑦〔清〕于敏中等：《日下旧闻考》卷三七《京城总记》，北京古籍出版社，1983年。

⑧〔宋〕徐梦莘：《三朝北盟汇编》卷第二百四十五，上海古籍出版社，1987年。

⑨〔清〕于敏中等：《日下旧闻考》卷四"世纪"引《历代纪事年表》，北京古籍出版社，1983年。

⑩《元史》卷五十八《地理志一》，中华书局，1976年。

⑪⑫ 李旭：《元大都水系与水工建筑物规画研究》，北京工业大学2016年硕士论文。

⑭《元史》卷六《世祖本纪三》，中华书局，1976年。

⑮《元史》卷八《世祖本纪三》，中华书局，1976年。

（作者单位：北京辽金城垣博物馆）

房山区大韩继村香光寺多宝佛塔内出土文物概况及相关研究

邢　鹏

首都博物馆藏有一批六十余件20世纪60年代入藏的，出土于房山区大韩继村多宝佛塔内的文物。当时的入藏记录十分简要，"其来源记录仅限于'出土于房山县周口公社大韩继生产队多宝佛塔内'"①，由当时北京市文物工作队成员赵迅、于杰于1967年1月23日接收，未记录出土时间等相关信息②。经查，《北京考古集成》③《北京考古发现与研究（1949—2009）》④《图说房山文物》⑤《房山历代寺观》⑥等文献资料中都没有

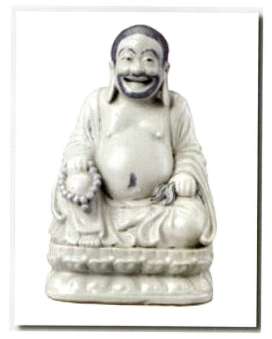

图一　明万历青花布袋僧像（采自：《北京文物精粹大系》编委会、北京市文物局编：《北京文物精粹大系·陶瓷卷（下）》图版129，北京出版社出版集团，2004年版，第142页。）

相关的考古资料记载，因而其原始考古材料尚已无从得知。这批出土文物在近五十年的时间内，虽有部分已被出版著录⑦并公开展览，但从整体而言尚未被进行过系统而全面的披露和研究。

这批出土文物被收集后即由北京市文物工作队保管。1981年首都博物馆成立，这批文物即划归首都博物馆收藏。1981年至2005年12月博物馆馆址在北京孔庙，因文物库房条件有限，所有文物被按质地进行分类保管。由于没有考古报告，这批藏品被分别收藏在玉器、瓷器、金银器、青铜器与其他金属器、钱币等不同类别的库房中。为能使其被公众所识所用，张彩娟女士依据入藏记录对这批藏品进行了统计。

一、塔内出土造像类文物情况及相关研究

（一）出土的造像

笔者将塔内出土的造像类文物分为4组：青花布袋僧像（又称大肚弥勒佛像，图一）与铜释迦、多宝二佛并坐像（图二）分别自成一组；"铜鎏金道官立像"2尊为一组（图三）；银鎏金寿星像（图四）及银鎏金道教人物像一组6尊（图五）为一组（表一）。

（二）对另外两组造像的认识

1. "道官立像"

笔者以为2件所谓道官立像或是"诸

图二 明万历铜鎏金释迦多宝二佛并坐像（采自：《北京文物精粹大系》编委会、北京市文物局编：《北京文物精粹大系·佛造像卷（上）》图版35，北京出版社出版集团，2001年，第74页）

图四 银鎏金寿星像（柳彤 摄影）

图三 铜鎏金道官立像（2尊，于力凡 摄影）

图五 银鎏金道教人物像一组（6尊）（采自：《北京文物精粹大系》编委会、北京市文物局编：《北京文物精粹大系·金银器卷》图版202，第174页，北京出版社出版集团，2004年版）

天"类佛教护法神的首领：帝释天像和大梵天像，其应被供奉于佛塔地宫之佛坛前方两侧的。此二像象征"诸天"护法群组的二十或二十四尊神灵群像，即二十诸天或二十四诸天。这类供奉形式在河北正定隆兴寺牟尼殿佛坛⑩（宋代）及北京智化寺如来殿⑪（明代，图六）等都有体现。

2.铜鎏金释迦多宝二佛并坐像

明万历铜鎏金"释迦、多宝二佛并坐"像（见图二）通高37厘米。2005年4月为筹备首都博物馆新馆"古代佛像艺术精品展"，此像被送技术部门除锈清理、养护。在清理过程中从结说法印的佛像腹内清理出汉式"装脏"一副（图七，疑似

表一 出土造像分组情况表

组别	文物名称
1	青花布袋僧像
2	释迦、多宝二佛并坐像
3	铜鎏金道官立像（2尊）
4	银鎏金寿星像
	银鎏金道教人物像（一组6尊）

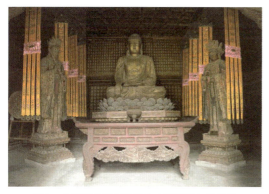

图六　北京智化寺如来殿内主尊造像与胁侍像

有残缺）。因佛像"装脏"封底（疑为金属板）已缺失，装脏是被以一张揉搓后的1975年3月1日《人民日报》为封堵物固定在佛像体内的。推测报纸的日期应略早于这副装脏最后一次被人验看的时间。"装脏"的物品（图八）包括小铜镜一面、小铜铃铛一支、铜"方胜"一枚、由五色彩线缠绕的经书一卷、织绣类物品2—3件。其中一件织绣品为白色曲折的套形——疑

图七　佛像腹内装脏（邢鹏　摄）

图八　装脏物特写（邢鹏　摄）

似象征内脏的"肠"。

释迦、多宝二佛并坐像（下文简称为"二佛并坐像"）来源于佛教故事。据《法华经·见宝塔品》记载：当释迦佛在耆阇崛山中为大众演说《法华经》时，从地下涌出多宝佛塔，塔中的多宝佛赞叹释迦牟尼佛演说《法华经》并分半座与释迦佛共同说法。笔者对此像的认识有三方面：

首先，在艺术表现方面，其不仅"是中国法华艺术独有的表现形式"[12]，也是目前所知我国古代同类题材造像中年代最晚者[13]。

其次，在社会历史背景方面，此类造像与当时皇帝年幼且由太后主政的"二元政治结构"特殊社会背景有关[14]，而且能通过佛教故事说明这种统治的合理性[15]。这种表现方式是自北魏以来就有的文化传统，既有明显的象征寓意又无明显的讽刺或贬低含义，是最好的表达方式。此外，它还是北魏"尊统治者为佛"思想的延续[16]。

再次，在造像思想方面，"二佛并坐"像通常被作为《法华经》的象征符号，与弥勒像的组合应有特殊寓意。包括三点：

一、"二佛并坐"题材被中国佛教所选择而作为《法华经》的象征符号有四项原因[17]。

二、像内装脏[18]可能意味着时人将装脏后的佛像视作佛的"法身"，不仅简单地模拟或再现《法华经》所述故事场景，而且有佛教"法身佛"的象征寓意[19]。

三、"二佛并坐"像是由过去、现在二佛构成的，与未来佛弥勒像形成组合关系。"目的就是要营造一个三世佛的瑞像，以凸现释迦、多宝二佛并坐的重要性"[20]。据此，笔者推测：大韩继村多宝佛塔内的"二佛并坐像"与瓷塑青花布袋僧像的组合仍是《法华经》思想的表现，只是明代时将当时流行"大肚弥勒"像替换了北朝至隋唐时期流行的

"交脚弥勒像"。因无明确出土位置与出土时组合关系记录，此观点还需未来考古发现予以证实。

（四）对佛道造像杂处情况的认识

笔者据对明代北京地区佛教造像及相关内容研究的结论认为：佛道造像杂处的情形在明嘉靖朝普遍出现并为当时及之后的社会所接受。

明代有许多大珰购置土地并私自创建佛寺为其坟寺，以期享受因无血缘后代而由僧人予以祭祀的香火。但嘉靖帝即位后禁止并拆毁私创佛寺。宦官们为了保自己的坟寺，纷纷在佛寺内增加道教宫观、殿堂来迎合皇帝。例如北京戒台寺、大慧寺等知名佛寺都建有真武殿。在此背景下而经数十年的佛道造像杂处实践，至万历时世人对佛道造像杂处现象已习以为常、见怪不怪了。故对当时的人们而言，在多宝佛塔内安置道教八仙造像并非特例。

二、塔内出土非造像类文物情况及相关研究

（一）非造像类文物出土概况

据张彩娟的调查与研究可知多宝佛塔属于香光寺："万历二十二年，御马监张其重修，并赐藏经贮焉。……香光寺在万历皇帝以内帑钱粮和内外官僚以俸金的资助下，于万历二十六年（1598）春开始修建，到万历二十八年（1600）秋九月告成，历时两年半。……香光寺建成时，万历皇帝不仅过问寺内的宗教事务，还赏赐了大量的宗教用品和供养品。……三年后，即万历三十一年（1603），御马监太监张其等将铜鎏金多宝佛像一尊及供奉之物六十余件（套），包括刻有自己名字的银元宝，安放于香光寺东多宝佛塔塔基地宫内，并用巨石封上。从此，地宫中的一切进入了四百年的沉寂"[20]。

香光寺多宝佛塔地宫出土的"六十多件（套）文物中比较重要的有：铜鎏金多宝佛像一尊，青花瓷布袋僧像一尊，银鎏金道教人物像六尊，累丝宝石镶玉龙纹金杯一件，嵌珠錾花八吉祥金塔一座，玉带板三副，碧玉描金双耳嵌宝石菊瓣纹盏和盏托两套，以及带万历年款和张其、于景科人名款的银元宝、银牌、银钱若干件"[22]。

从器物的器形及图案观察，这批非造像类文物有些与佛教有直接关系，有些则没有直接关系。因此要解释这批器物被置于塔中的原因，则需考察其功能及被放入时被赋予的属性。

（二）非造像类文物的功能考察

考察非造像类文物的功能，除考察其本身所具有的使用功能之外，还需要考察其作为一组被共置于塔中器物之一的功用和含义。塔中所有器物是以造像为中心的，因此对于非造像文物功能的考察也须联系造像的某些因素。

1. 与二佛并坐像有关的文物

在非造像文物中，与二佛并坐像所体现的佛教内涵有关的文物是一座"金嵌珠錾花八吉祥小塔"（图九）。因在《法华经》中叙述多宝佛出现时有宝塔出现，多宝佛在塔中分半座与释迦佛，而形成二佛并坐的场景。故此塔似与二佛并坐像有关。

此外，笔者发现有一部分非造像文物是成对出现的，这或许与二佛并坐像的形式有关。如青玉描金双耳杯和盘共2副、玉"佛"字雕件2件（白玉、碧玉各1件）、铜提梁卣一对、大明万历癸卯款银元宝共4个、万历通宝银钱4枚（其中背款"五钱"者2枚、"二钱"者2枚）、压胜银钱8枚（2大、6小）等。笔者认为这些成双成对的器物可能是分别供奉给"二佛并坐像"中多宝佛与释迦佛的。由此进一步推测成双成对的器物在这座佛塔中的作用可能是供器，是指根据佛教造像供奉仪轨而陈设在造像前的必要器具，用于盛放供品等。

图九　金嵌珠錾花八吉祥小塔（邢鹏　摄）

2、其他器物

目前缺少塔内出土文物的陈设原状资料。考虑到除造像、佛塔、成对器物

之外的出土文物大多为体型小巧的装饰品等特点，并结合佛教信众日常礼佛、布施情况分析，笔者认为它们大多属于信众布施的财物，即功德主和信徒们奉献给佛和其他神灵的供品。"布施"行为一般可分为"财布施""法布施"和"身布施"三种。这批出土文物中以"财布施"物品为主，从铭文看不乏宦官布施者如银元宝。

结合有关汉传佛教法器分类知识，笔者将塔内出土的非造像类文物进行了区分，将它们划分为佛教法器（表二）和布施财物两大类别（表三）。因其中有宋代仿商周时期的铜提梁卣等物品，故疑大韩继村多宝佛塔是依宋代佛塔地宫重建或修缮的，并将宋代供物仍放回地宫之中，由此造成目前所见宋、明供器杂处的情况。

佛教常用"七宝"（七种贵重的宝物）供养佛像，其在不同的佛经中略有差别（表四）。由于多宝佛塔出土的这批布施财物中有多种珍贵宝石，其中含有金、银饰件及珍珠、玛瑙、珊瑚、琥珀、碧玉、红宝石、蓝宝石和雄晶等，推测上述布施类财物或为"七宝"之代表。

（三）重点器物

1. 船只模型

在出土文物中有一件"刻龙镀金银船"模型（图一〇）。经金银器库房保管员柳彤女士大力协助，笔者得以仔细观察。可见其制作十分精致：船舱两侧的隔扇门均制作出门轴可以启闭；透过隔扇门

表二　佛教法器类物品

		文物名称	时代	数量
汉传佛教法器	鸣器类	碧玉小钟（带一短金链）		1
		小木鱼		1
	供具供物	大明宣德炉（竹节形）		1
		铜嵌金熏炉（炉环残）		
		银胎珐琅八仙人物豆（带盖）（旧称：银烧蓝凸雕八仙盖豆）		1
		青玉描金双耳杯、盘		2份4件
		金缕丝嵌玉宝石杯		1
		金碗（金叶碗心1）		1
		铜提梁卣	宋仿	2

表三　布施类财物

			文物名称			时代	数量
布施物品	财布施	钱财	大明万历癸卯元宝			明万历三十一年	3
							1
			万历通宝银钱	背款：五钱			2
				背款：二钱			2
			大明万历银牌 （万历庚子钦赏一两银元宝）			万历二十八年 （1600）	1
			压胜银钱 （2大、6小）				2
							6
		表示身份的带饰品	银镀金龙首带钩				1
			白玉小带钩				1
			银镀金盘长带扣头（嵌物无存）				1
			碧玉盘长带扣头				1
			玉带板	青玉镂雕云龙纹带板		56	18
				青玉镂雕松鹿带板			18
				碧玉带板			20
		首饰饰品类：金属质	银头簪				10
			金叶				1小团
			银丝小灯笼				1
							3
							1
			小银残饰件				3
			小银蝙蝠				1
			小铜残饰件				14
			锡制喜寿字等				10
		首饰饰品类：玉	白玉寿星（饰件）				1
			小白玉饰件				5
			小碧玉饰件				1
		珠宝	白玉佛头（实系白玛瑙）				1副（2个）
			白玉珠（实系白玛瑙）				2
			碧玉扁珠				10
			小银珠				1
			木漆珠				4
			小珊瑚珠				19
			珍珠				5
			大小琥珀珠				12
			雄晶				1
			红宝石				2
			铜托嵌蓝宝石				1
			小蓝宝石				1
			小珊瑚囊				1
			小珊瑚枝				1
		杂项	小骨管				6
			小泉直一钱				1

续表

		文物名称	时代	数量
布施物品	财布施	杂项	铜壶	汉	1
			铜镜	汉	1
			小木盒		1
			端石砚		1
			刻龙镀金银船		1
	法布施（疑似）		银饰器（上嵌紫晶） （原名：银嵌紫晶镀金佛咒帽顶）		1
			梵文白玉莲花饰		1
			玉"佛"字	白玉	1
				碧玉	1
			小铜卍字饰件		1

表四 "七宝"所指的具体内容

《大正藏》的经号	经名	1	2	3	4	5	6	7		
0190	《佛本行集经》	金	银	颇梨	琉璃	赤真珠	车磲	马瑙		
0033	《佛说恒水经》	金	银			真珠	砗磲	珊瑚	摩尼珠	明月珠
0366	《阿弥陀经》	金	银		琉璃	赤珠	砗磲	玛瑙	琥珀	
0364	《佛说大阿弥陀经》	金	银	水晶	琉璃		砗磲	珊瑚	琥珀	

可见舱内有数人围坐在一张带霸王枨的八仙桌旁；船尾的舵把上另有一亭式建筑物，其左右和后面有透雕围挡而前面可供人出入，亭内一人正在掌舵；船舱顶部立有一人，从其双手做拉拽状、身体向后用力的姿势，结合其前有桅杆的场景判断，似正在升船帆。船头下部有一圆雕龙体，依附于船体下部，龙头向上探，似为船只开辟水路。最值得一提的是船舵——平衡型的开孔舵，代表了当时的科技水平。

这件船模的象征意义在于"渡"，即将信佛行善者渡离此岸，脱离现实世界的"苦海"而到达彼岸极乐世界。孙明利在《四川唐、五代观无量寿经变光明转与宝船因素分析》[23]一文指出在唐、五代"观经变"中多有采用宝船图像表现往生场景，且宝船"可能与净土宗的方便法门有关""宝船又与往生和超度思想相联系……在表现宝船往生的同时，反映了水道乘船则乐的易行道思想"。李静杰先生在《明朝天顺年间碑刻弥陀禅寺记与西方极乐世界图述论》[24]一文中指出该碑刻"下端莲池部分画面可以分作上、中、

下三层，每层表现两艘船向中央相向划行"，上层为二鱼形舟图像、中层各一双龙楼船、下层各一龙形舟，并认为其或许

图一〇 刻龙镀金银船模型（邢鹏 摄）

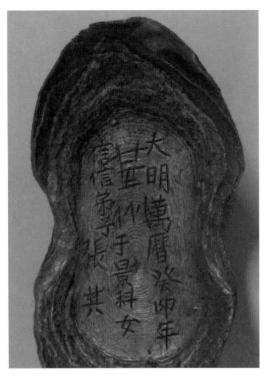

图一一　万历癸卯年于景科女、张其款银锭

与超度到净土世界的观念相联系。可见以宝船图像表现往生和超度思想的情况在唐、五代时期就已出现而明代依旧盛行，只不过在大韩继村多宝佛塔中的船只模型突破了以往均为二维图像的束缚而以三维立体模型来表现。

2.银锭及其铭文

塔内出土文物中有铭文者较少，主要集中在贵金属货币（金锭、银锭）上。如三枚"元宝"：

（1）银质"大明万历癸卯年□□□信官弟子于景科女、张其"款（图一一），万历癸卯即万历三十一年（1603）。

（2）金质"大明万历癸卯年信官弟子张其"。

（3）金质"大明万历三十一年金一定（锭）重伍两孟夏吉日造"款。

其中有"于景科女""张其"二人名者信息最为丰富。经查，"于景科女"是一名宫女，时任"翊坤宫管事"；张其是时任御马监太监，曾参与复建香光寺；

二者为对食关系；此银锭属于二人的"财布施"[25]。

三、多宝佛塔的建成时间与塔内物品埋藏时间

张彩娟《首都博物馆馆藏出土文物整理三题》一文指出："《福德庄严碑记》则具体记录了香光寺的重建过程。香光寺在万历皇帝以内帑钱粮和内外官僚以俸金的资助下，于万历二十六年（1598）春开始修建，到万历二十八年（1600）秋九月告成，历时两年半。共建成山门、天王殿、大雄宝殿、方丈、大悲阁、围楼等五进六层，并在寺院东侧重修了多宝佛塔。另有业地七十八亩。万历三十一年（1603）春和三十三年（1605）正月，万历皇帝又将琉璃河桥头的观音庵并香火地270亩，西直门外高梁桥边的三圣庵并香火地122亩一起赐给香光寺为下院。"[26]

据此，若佛塔建成于万历二十八年（1600）九月，而佛塔内出土有万历三十一年银锭，则说明佛塔的建成时间与埋藏造像及其他物品的时间可能不同。

因缺乏考古报告，现尚不清楚该塔地宫的结构和样式属于竖穴式地宫抑或是横穴式地宫。地宫的结构可以决定佛塔的落成时间：竖穴式地宫因需要先放置供养物品，再封闭地宫顶板，最后才能在其上砌筑塔身。故供养物品的放置应早于佛塔建成的时间。而横穴式地宫因有门、甬道可供后期开启和通行，故供养物品的放置时间可晚于佛塔建成时间。

四、多宝佛塔内埋藏物品的历史定位

"万历前、中期，京师高僧、名僧汇聚。……这样，北京再次成为全国佛教中心"[27]，因明万历三十一年十一月《续忧危竑议》"妖书案"发，当时身处北京的名僧紫柏真可（1543—1603年，图

图一二 紫柏真可像（嘉兴博物馆藏）

一二）受到牵连于十二月被逮捕入狱"备受拷讯，'不胜恚，发病殁'。佛教界'两年间丧二导师，宗风顿坠'，'法门一变，京师丛林震惊，人人自危，即素称师匠者，皆鸟惊鱼散'。此后，北京高僧、名僧渐去，来者亦少，北京渐失佛教中心的地位"[28]。

总之，万历三十一年是北京佛教界从盛转衰的转折点，而该年在北京房山大韩继村多宝佛塔内埋藏的各种物品均为明代中后期佛教在北京地区呈现辉煌的最后见证。

五、总结

综上，笔者对于大韩继村多宝佛塔出土文物作如是观：

首先，这是一堂以二佛并坐像为中心，模仿《法华经》中"见宝塔"故事场景的造像组合；且功德主以其为主要供养对象进行布施财物。所有造像与供养物品不仅是明代汉传佛教中的法华思想与信仰之反映，同时也是北京在明代中后期作为佛教中心地区而呈现出最后辉煌的见证物。

其次，这批文物中有多件重点文物需特别注意：如已知最晚的一尊二佛并坐像可能与明万历朝太后参政的时代背景有关。又如银船模，其对于研究我国明代航海技术、造船技术与水平、乃至时人航海与造船的理念都有重要意义。再如"于景科女、张其"款银锭是罕见的能证明对食关系之文物。

本文在写作过程中得到张彩娟、柳彤两位老师的指导并多方提供便利，刘丞先生也为笔者提供了重要资料，在此一并表示感谢。

① ㉓ ㉔ 张彩娟、闫娟：《首都博物馆馆藏出土文物整理三题》，首都博物馆编：《首都博物馆论丛（2011年）》，北京燕山出版社，2011年，第206页。

② 据首都博物馆张彩娟女士踏查采访时听村民所讲，该塔当时是被炸开的。

③ 苏天钧主编：《北京考古集成》（全15册），北京出版社，2000年。其中第7、8、9册为明清时期内容。

④ 宋大川主编：《北京考古发现与研究（1949—2009）》，科学出版社，2009年。

⑤ 刘亚洲主编、杨亦武编撰、杨伟摄影：《图说房山文物》，北京燕山出版社，2005年，第106页"香光寺"条。

⑥ 范文彦主编：《房山历代寺观》，中国人事出版社，2009年，第166—173页为介绍"护国香光寺"的内容。

⑦《北京文物精粹大系》编委会、北京市文物局编：《北京文物精粹大系·陶瓷卷（下）》（明青花布袋僧像）、《金银器卷》（银鎏金道教人物像一组）、《佛造像卷（上）》（铜释迦、多宝二佛并坐像）等。

⑧ 邢鹏：《明代"大肚弥勒"形象研究》，《文物天地》2017年第7期。

⑨ 邢鹏：《大韩继村多宝佛塔内出土八仙造像研究》，首都博物馆编：《首都博物馆论丛（2016年）》，北京燕山出版社，2016年，第223页。

⑩ 刘友恒、郭玲娣、樊瑞平：《隆兴寺摩尼殿壁画初探（上）》："正定隆兴寺的中心建筑摩尼殿始建于北宋皇祐四年（1052年），其内槽九间全为佛坛，坛上供释迦牟尼、迦叶、阿难、文殊、普贤及梵王、帝释（梵王、帝释于'文革'中被毁）等佛像，为宋代遗物。"《文物春秋》2009年第5期。

⑪ 此殿建筑为二层楼阁，下层匾额为"如来殿"，上层匾额为"万佛阁"。

⑫ 张元林：《敦煌北朝——隋时期洞窟中的二佛并坐图像研究》，《敦煌研究》2009年第4期。

⑬⑮⑰⑲ 林伟在《佛教"法身"概念的另一种解读方式——释迦、多宝二佛并坐的意义》（《中山大学学报（社会科学版）》2012年第2期）一文中所言："明代造释迦、多宝二佛并坐像，收藏于首都博物馆"者即本文所研究的这尊。

⑭ 王恒：《二佛并坐及其佛教意义》，《文物世界》2002年1期。

⑯ 邢鹏：《佛教护法神摩醯首罗天的形象与其在石窟寺中位置考察——北朝至隋唐时期石窟寺与贵族墓葬关系初探》一文中的"四、北朝至唐代的石窟寺与贵族墓葬相互影响"部分已经介绍，分为：尊号中体现、石窟寺中为统治者造大像、陵寝建筑中体现等表现形式。首都博物馆编：《首都博物馆论丛（2015年）》，北京燕山出版社，2015年，第184页。

⑱ 亦称装藏，佛教界认为新的佛像制成后"还不算是具有佛教意义的圣像，不能供信徒顶礼膜拜，只有经过装藏和开光的佛像，才具有宗教的灵验性"。（金申主编：《藏式金铜佛像收藏鉴赏百

科》，中国书店，2011年，第71—74页。此资料由刘丞提供，在此致谢。）在明代时，汉传佛教造像的装脏被称为"灵脏"、且多有金银宝物，如"三尊大佛内腹灵脏恐人窃去，取出贮库，皆是金、银，重七十五斤"。（何孝荣：《明代南京寺院研究》，中国社会科学出版社，2000年，第319页。）汉传佛教造像装脏是有着悠久传统的。如日本京都清凉寺旃檀佛像内也发现有"内脏"形式的绢质五脏。可见，以内脏模型为造像装脏的传统最晚在北宋初期就已经出现。

⑳ 可参见张元林《敦煌北朝—隋时期洞窟中的二佛并坐图像研究》一文中"二佛并坐像与弥勒像的组合"部分。

㉑ 孙明利：《四川唐、五代观无量寿经变光明转与宝船因素分析》，《故宫博物院院刊》2017年第4期。

㉒ 李静杰：《明朝天顺年间碑刻弥陀禅寺记与西方极乐世界图述论》，《故宫博物院院刊》2014年第4期。

㉕ 邢鹏：《首都博物馆藏"于景科女、张其"款银锭研究》，《文物天地》2019年第6期。

㉖ 张彩娟、闫娟：《首都博物馆馆藏出土文物整理三题》，首都博物馆编《首都博物馆论丛（2011年）》，北京燕山出版社，2011年，第207页。

㉗ 何孝荣：《明代北京佛教寺院修建研究（下）》，北京燕山出版社，2011年，第590页。

㉘ 何孝荣：《明代北京佛教寺院修建研究（下）》，北京燕山出版社，2011年，第591页。

（作者单位：首都博物馆）

数据采集技术在顺义区元圣宫物质文化遗产保护中的应用

安逸飞

一、绪论

（一）保护研究背景

在中国经济与文化大发展大繁荣的今天，增加人们对中华历史文化的认同感显得十分必要，而中国物质文化遗产正是中华历史文化的见证者与物质载体，其中物质文化遗产包括了可移动物质文化遗产以及不可移动物质文化遗产，其中中国古建筑属于物质文化遗产中的不可移动文化移产，在中国古建筑发展史上的每个时期都有能够代表当时的建筑样式，这也可以从侧面体现中国在不同历史时期的文化习俗与当时的自然人文环境。所以应该对中国古代建筑进行合理的保护与开发。

北京顺义区的不可移动物质文化遗产十分稀少，目前在顺义区内确定的物质文化遗产仅有31处，元圣宫就是其中之一。元圣宫位于北京城东北顺义区牛栏山下，潮白河畔，北京市级文物保护单位。它始建年代不详，据史料记载，元圣宫明万历年间重修，现存建筑为清代样式。北京市文物局1959年、1985年、1995年和1998年曾对其进行过四次修缮（图一）。

在2018年3月，《北京市大运河文化带保护建设规划》经北京市委常委通过，而顺义区元圣宫正好位于潮白河顺义段的上游区域，属于北京市大运河文化带内，同时元圣宫内部保护相对完好，有很强的历史文化价值，而且根据顺义区区保单位提供的《北京市顺义区不可移动文物名录》显示顺义区内像元圣宫这类的文物等级与保存状况不一。如果以顺义区元圣宫物质文化遗产保护规划作为案例，也可以带动顺义区其他一部分古建筑的保护修复工作。

（二）研究内容和范畴

本次对元圣宫物质文化遗产的研究范畴仅针对顺义区元圣宫调查过程中的工作内容以及调查研究程序的经验总结，对顺义区元圣宫物质文化遗产数据采集整理方法的研究，汇总成普适经验，提炼出工作程序使其更加适合于现

图一　无人机正拍摄采集元圣宫的图片

代的工作模式，并总结经验成果。

北京市顺义区元圣宫是一座佛道合一的庙宇，坐北朝南，殿宇四重。根据1998年北京市文物局确定的核心保护范围，中轴线从南向北依次为仪门、前殿、后殿，共三进院落，殿宇四十余间。整体格局保留基本完整，具有很高的科学价值与历史文化价值。并且确定了元圣宫文物建筑、保护范围、Ⅰ类建设控制地带、Ⅱ类建设控制地带、Ⅲ类建设控制地带。本次研究的主要内容是通过利用现代的Faro地基雷达扫描技术以及无人机三维建模技术对元圣宫内的牌楼门、仪门、前殿、中殿、后殿、配殿进行激光雷达扫描建模，通过对获取的数据进行数据解算和数据分析，从而快速精确获取所扫描古建筑的三维模型，同时可以获取古建筑精确到毫米的模型。并利用其获取的三维模型与传统的测绘方式相对比，从而获取一种更加快速，更加可视化的古建筑群保护测绘模式以及通过利用激光雷达与无人机扫描对古建筑更直观的数字采集模式，汇总成一套更先进的古建筑数据采集建模保护模式。

根据北京市文物局提供的顺义区元圣宫保护范围可以知道，目前元圣宫院墙就是元圣宫的保护范围边界，院墙内部为顺义区元圣宫保护范围，沿着元圣宫保护范围向北20米内、向东50米内、向南30米内、向西30米内是Ⅰ类建设控制地带，沿着Ⅰ类建设控制地带向北50米内、向东50米内、向南50米内、向西20米内为Ⅱ类建设控制地带，沿着Ⅱ类建设控制地带向西80米内为Ⅲ类建设控制地带（图二）。

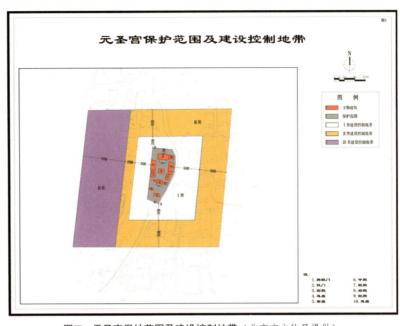

图二　元圣宫保护范围及建设控制地带（北京市文物局提供）

（三）研究的意义

首先，中国古建筑是中华文化的一种物质载体，不同年代的古建筑都代表中国的某段历史，并且古建筑本身就具有科学价值、美学价值以及历史文化价值，所以应该对古建筑进行保护，但是在科学发达的今天保护古建筑的途径也有了很多变化，有些对古建筑保护的需求利用传统的古建筑保护形式已经无法满足，比如对古建筑的修复有两种，第一种就是修旧如旧，第二种就是修旧如新，但无论传统的修复技术有多高超，也无法做到绝对的修旧如旧，因为古建筑的变化是随着时间、使用率、气候等因素所决定的，很多时候都是因为修复技术还没有达到要求就对古建筑进行修复，这样不但不能达到预想的修复成果，也有可能对古建筑本身进行二次破坏，也丧失了古建筑因岁月带来的那种沧桑的历史感。所以可以利用现代的科技对古建筑进行扫描并建模，在对古建筑修复的同时通过这些先进的技术把古建筑原本的样貌进行数字化保留。

其次是对古建筑测绘方式的一种革新，传统的古建筑测量方式大多是用软尺、皮卷尺、钢尺，近年测量方式开始利用水准仪和经纬仪。相对来说测量出的数据与原始古建筑的标准尺寸有所差异，并且由于主观的测量习惯会扩大和古建筑原始尺寸的误差，不但费时费力，需要很高的人工成本，而且会对古建筑修复造成影响。但利用先进的Faro地基雷达结合无人机扫描就会大大地提高对古建筑测绘的效率，测量精度能达到毫米级别，并且大多不受天气和时间的影响，降低了测绘的人工成本以及时间成本，极大地提高了工作效率。所以应该通过对顺义区元圣宫物质文化遗产进行保护研究，利用其研究成果获取一种更高效的途径。

二、数据采集研究

（一）元圣宫数据采集调查

在北京市文物局和牛栏山一中的支持下，我们对元圣宫进行了调研工作。利用大疆无人机，Faro地基激光雷达和单反相机对其进行激光点云建模以及历史素材收集工作，调查元圣宫的历史沿革和元圣宫各单体建筑的建筑规格。利用大疆Spark无人机和获取到的POS数据对元圣宫进行正射扫描，为后期Smart3D建模提供照片以及POS结算素材。利用Faro330地基雷达对元圣宫内的牌楼、仪门、前殿、中殿、后殿以及配殿、石碑进行激光扫描（图三），为后期Scene建模提供外业数据。最后利用单反相机对建筑内部外部重要的彩画以及建筑细节结构进行拍照，为之后研究以及Smart3D拼接提供照片素材。这可以为之后的数字建模甚至虚拟现实还原元圣宫提供基础数据。Faro扫描仪应用，Faro扫描仪就是利用三维激光雷达扫描技术，对实景进行数字化复制，三维激光扫描技术可以利用激光头对古建筑进行点云扫描，而不是像传统测绘工具一样智能单点扫描，可以获取到高精度的古建筑点云扫描数据以及高分辨率的数字建筑模型。本次在对顺义区元圣宫物质文化遗产保护研究项目中起到数据采集的作用，其扫描范围仅在元圣宫划定的文物建筑保护范围以内进行，分别对元圣宫牌楼、仪门、前殿、中殿、后殿、石牌坊两侧布设扫描点。

（1）元圣宫牌楼布设六个扫描点，（距离：室外20米以内，质量4X，点密度12）。

（2）元圣宫仪门布设扫描点，外部布设八个点（距离：室外20米以内，质量4X，点密度12）；内部布置，设五个点（距离：室内10米以内，质量4X，点密度8）。

（3）元圣宫前殿布设扫描点，外部布设七个点（距离：室外20米以内，质量4X，点密度12）；内部布置，设四个点（距离：室内10米以内，质量4X，点密度8）。

图三　元圣宫地面激光雷达扫描图片

图四　元圣宫无人机倾斜摄影空间模型图

（4）元圣宫中殿布设扫描点，外部布设八个点（距离：室外20米以内，质量4X，点密度12）；内部布置，设九个点（距离：室内10米以内，质量4X，点密度8）。

（5）元圣宫后殿布设扫描点，外部布设六个点（距离：室外20米以内，质量4X，点密度12）；内部布置，设五个点（距离：室内10米以内，质量4X，点密度8）。

（6）元圣宫石碑布设两个扫描点（距离：室外20米以内，质量4X，点密度12）。

（7）元圣宫西跨院布设一个扫描点（距离：室外20米以内，质量4X，点密度12）。

大疆Mavic无人机扫描，利用大疆Mavic无人机对建筑物进行多角度不同高度航拍，它的优点就是可视化强，随时都可以看到视线以外如屋顶瓦面等结构，并且高清画质使扫描出的建筑物细节更好观察，无人机自带的POS数据可以导入到IE中结合无人机自带的惯导IMU数据进行耦合，导入后期三维建模软件后就可以处理成原建筑比例的高精度三维模型，所以基本操作如下。

利用大疆Mavic无人机结合GSP地面站系统对顺义区元圣宫进行不同高度的正射航拍（高度：120米，80米，50米，30米）。并用无人机对元圣宫进行推进航拍和定点八位航拍，获取其正射数据以及周围建设控制地带的影像数据。

利用大疆Mavic无人机结合GSP地面站系统对顺义区元圣宫进行等高度（高度：30米）的倾斜摄影，将无人机镜头调整至向下45°角，分别从东南西北四个方向对元圣宫进行航线规划拍摄，并且拍摄的内容必须覆盖全部元圣宫文物建筑保护范围（图四）。

利用大疆Mavic无人机拍摄的30米段的正射图片以及30米段四个方向的倾斜图片进行三维建模。先用Smart3D软件结合大疆Mavic无人机自带的POS数据进行空三运算，获取航拍位置信息并对预处理数据进行重叠率的比对，要求重叠率大于85%以上，之后再进行数据结算，处理成原建筑比例的高精度三维模型。导入后期三维建模软件后就可以处理成原建筑比例的高精度三维模型，可以很好地对原建筑群进行扫描。不但保留了原比例原画质的航拍图片及影像，也生成了原画质高分辨率的三维模型。

单反相机数据采集，在对顺义区元圣宫物质文化遗产保护研究工作中利用单反拍摄高分辨率相片获取基础图像资料，具体操作如下。

（1）利用单反相机对元圣宫内的建筑细节、建筑节点进行相片收集。包括元圣宫内古建筑室内外的彩绘壁画，建筑木架结构，内部抬梁式梁架结构，以及仪门东侧石碑上的碑文和元圣宫后殿前的一对明代石狮子，利用对建筑物或构筑物不同的距离由远及近环形摄影，获取其相片，为之后Smart3D建模提高基础数据。

（2）利用单反相机对元圣宫主要建筑进行环形拍摄，拍摄对象包括仪门、前殿、中殿、后殿。

（二）元圣宫数据处理流程

Faro扫描仪数据处理程序，首先将Faro扫描仪中的数据导入Scene三维数据处理软件中，将扫描的原始数据解算成激光雷达点云数据并渲染上原始颜色。之后对多个点的Faro数据进行拼接，获取到多组完整的单体室内外建筑三维点云模型，将生成的数据设置成xyz格式并进行导出，打开lidar360点云处理软件，导入xyz格式数据进行处理，对点大小进行调整并删减去多余的噪点，利用自带工具对点之间进行测量，获取到古建筑高精度的尺寸数据，利用矢量编辑获取并导出建筑物正立面、侧立面、背立面高精度高分辨率图纸。

大疆Mavic无人机数据处理程序，将无人机的POS数据导出，利用IE软件与IMU数据进行解算，获取到高精度POS数据，再将获取的高精度POS数据和定高三十米航拍的正射照片以及定高三十米四个角度的倾斜相片同时导入Smart3D软件中进行解算，先预处理获取空三数据，再根据空三数据解算生成建筑原比例的三维模型。利用自带工具可以在生成的模型上对元圣宫内建筑进行尺寸测量，也可以直接测量仪门、前殿、中殿、后殿、配殿、耳房的占地面积以及空间体积。并与Faro扫描以

数据进行对比验证。

单反相机数据处理程序，将单反相机利用环形拍摄获取的相片导入Smart3D中进行高清三维建模。高度还原建筑的形态，快速获取建筑物的基础尺寸数据，并快速获取建筑节点的三维模型。可以更清晰地看到建筑内外所保留壁画的样式以及石狮子的形态和仪门东侧石碑的规格以及石碑上的字体，对深度研究元圣宫提供数字模型支持。单反相机的优势在于分辨率较高，部分微单自带POS数据，可以结合Smart3D进行点云解算以及三角网格解算，可以获取到建筑单体以及小型构筑物的尺寸数据以及建筑节点模型。并可以对古建筑上壁画进行三维建模数据保存。实用性较高，容易操作。

三、各类数据采集成果

（一）利用Faro激光雷达数据采集的成果

首先针对本次顺义区元圣宫的保护研究中利用Faro激光雷达对元圣宫内室外三十八个原始点以及建筑物内部二十三个原始点进行数据采集，前期在院落内部、建筑周边以及建筑室内摆设标靶球定点对其建筑进行激光雷达扫描，后期对元圣宫内的数据进行解算拼接处理。为了获得可供保护研究的点云数据，利用Faro激光雷达对元圣宫内建筑物进行三维建模，前期在院落内部、建筑周边以及建筑室内摆设标靶球定点对其建筑进行激光雷达扫描，利用Faro的拍照功能对其进行全景拼接，获取不同点的高清彩色全景图像。

获取的Faro激光雷达数据具体成果如下。

（1）获取到牌楼门的正立面图以及背立面图，并标注尺寸以及谱上颜色。牌楼门的三维点云模型以及三维全景模型以及牌楼门全景相片。获取具体参数。

（2）获取到仪门的正立面、侧立面以及背立面图，并标注尺寸以及谱上颜

色。仪门的室外三维点云模型、室内三维点云模型以及仪门室内室外三维全景模型和仪门全景相片。获取具体参数。并对屋内梁架结构进行重点扫描并做仪门梁架结构的安全排查，确定需要维护加固的具体构建。

（3）获取到前殿的正立面、背立面图，并标注尺寸以及谱上颜色。前殿的室外三维点云模型、室内三维点云模型以及前殿室内室外三维全景模型和仪门全景相片（图五）。获取具体参数，对前殿山墙内测的壁画进行扫描，根据文献可知该壁画是明朝中期绘制，但因年代较长所以有部分残损，根据扫描数据提出保护方法。并对屋内梁架结构进行重点扫描并做仪门梁架结构的安全排查，确定需要维护加固的具体构建。

（4）获取到中殿的正立面、背立面图，并标注尺寸以及谱上颜色。中殿的室外三维点云模型、室内三维点云模型以及仪门室内室外三维全景模型和仪门全景相片。获取具体参数，并对屋内梁架结构进行重点扫描并做仪门梁架结构的安全排查，确定需要维护加固的具体构建，以及中殿正立面檩条更换建议。

（5）获取到东西配殿的正立面图，并标注尺寸以及谱上颜色。东西配殿的室外三维点云模型，东西配殿室外三维全景模型和东西配殿全景相片。获取具体参数，并对屋外檩条结构进行重点扫描、损坏的檩条提出更换解决方案。

图五　元圣宫前殿空间模型

（6）获取到后殿的正立面、背立面图，并标注尺寸以及谱上颜色。后殿的室外三维点云模型、室内三维点云模型以及后殿室内室外三维全景模型和仪门全景相片。获取具体参数，对后殿山墙内侧的壁画进行扫描，根据文献可知该壁画是明朝中期绘制，但因年代较长所以有部分残损，根据扫描数据提出保护方法。并对屋内梁架结构进行重点扫描并做仪门梁架结构的安全排查，确定需要维护加固的具体构建，以及对后殿内山墙进行清洁处理。

（7）获取到仪门东侧石碑的具体尺寸以及三维点云模型和石碑三维全景彩色模型、全景彩色相片。由于多年风化导致元圣宫内石碑已经部分破损开裂，石碑文字已经很难用肉眼辨认，所以根据Faro数据建议将石碑以及石碑下的须弥座台基进行除灰清洁处理，并对石碑上的字根据Faro数据进行辨认上色。

（二）利用无人机单反相机进行数据采集的成果

首先利用无人机对古建筑群进行整体扫描，获取其高清相片以及POS数据，根据数据可以利用内业软件制作成三维的等比例模型，其次获取到了元圣宫内建筑物的原比例平面图，精度到厘米级别，利用无人机扫描的三维数据可以应用于古建筑还原保护研究以及利用全息投影或者虚拟现实技术进行数字化呈现，还可以利用高清的航拍图片获知元圣宫内哪座单体建筑需要对屋顶瓦作进行修复。在不登上屋顶确保安全的情况下，就可以对建筑物需要保护修复的部分进行识别。单反相机同样如此，如果只是像传统方式用人来目测或者简单测量排查，难免无法发现建筑物内外需要保护修复的地方，但利用单反相机就可以短时间内对建筑物节点以及细节部分进行建模测绘排查，极大提高了工作精度，具体的利用无人机和单反相机进行数据采集的成果

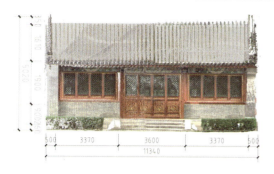

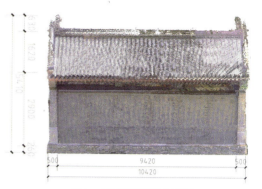

图七 元圣宫前殿背立面图

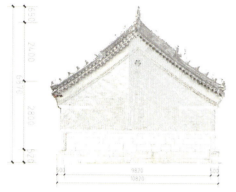

图六 元圣宫仪门正立面、侧立面、背立面图

如下。

利用大疆Spark无人机对元圣宫进行正射，利用无人机自带的POS数据进行航带拼接，空三运算，最终结合无人机采集的正射影像对元圣宫整体进行精确的Smart3D三维建模。利用单反相机对元圣宫内的主要构筑物、石狮子和石碑进行环形拍摄。利用Smart3D对其进行三维建模。

利用Faro扫描仪处理的数据结合Smart3D拼接以及单反相机进行的采集数据结果对元圣宫内建筑进行制式规格分析。

（1）仪门制式规格分析（图六）：

面阔三间，进深六檩，硬山过垄

脊，外檐保留有清末民初的彩画，现仪门四面墙体封闭，前后设近代门窗，室内地面完整，西山墙体两边开裂，脊兽残缺，后檐瓦片松散，屋顶瓦面破损缺失，需要修复，并对屋顶进行除草清理，仪门两侧留有原通道门遗址，殿前两棵硕大的槐树，残碑数通。

（2）前殿制式规格分析（图七）：

面阔三间，进深七檩，后改为垄脊，残留正脊吻座，硬山顶，前置月台，台上有百年柏两株，据传殿内原供真武神，殿内两山墙体绘有壁画，为释迦本生图和道教图案。

（3）东西耳殿制式规格分析：

位于前殿东西两侧，与其共用一山墙，面阔三间，进深五檩，硬山顶，此两殿原为僧侣生活区，前檐靠近前殿一间处设南北墙，使东西耳殿明间及另一次间庙宇院落隔离，另靠前殿一间处为过门，传说西为生门，东为鬼门。

（4）二进院正房制式规格分析：

硬山式，面阔三间，开间均3.3米，进深4米，前后廊深1.1米，合瓦屋面，过垄脊带排山铃铛，后廊改成室内。梁架被后加吊顶遮挡。门窗已被替换。

（5）二进院东西厢房制式规格分析：

均硬山式，面阔三间，左右开间均为3.2米，中间3.42米，进深两间3.6米，前廊深0.9米，合瓦屋面，过垄脊带排山铃铛。门窗已被替换，屋顶瓦面破损缺失，需要修复，并对屋顶进行除草清理。

（6）后殿制式规格分析：

硬山过垄脊，面阔五开间，黄琉璃绿剪边筒瓦，金龙和玺彩画，月台高大。东西配殿各五间。院中柏树参天，甬道用各色石子拼成图案。二进院正房东西耳房：面阔两间4.4米，硬山式，合瓦屋面。有廊将正房及厢房相连，廊宽0.9米，屋顶瓦面破损缺失，脊兽有不同程度的风化破损需要修复，并对屋顶进行除草清理。

（三）利用业内软件进行对元圣宫内建筑规制的分析

首先针对本次根据无人机航拍数据可知，元圣宫南向，前有牌楼一座，木制，二挂一楼，殿式，悬山卷棚顶，筒瓦，垂帘柱，雀替，旋子彩画，一斗二升交麻叶，斗拱八攒，中柱门抱鼓石一对。

根据Scene以及Smart3D数据分析可知：元圣宫内仪门面阔三间，进深六檩，硬山过垄脊，外檐保留有清末民初的彩画，仪门前后设近代门窗，室内地面完整，西山墙体两边开裂，脊兽残缺，需要修复，仪门两侧留有原通道门遗址，殿前槐树两棵枝繁叶茂。

前殿面阔三间，进深七檩，垄脊，残留正脊吻座，硬山顶，前置月台，台上有百年柏两株，枝繁叶茂，殿内两山墙体绘有壁画，为释迦本生图和道教图案。

东西耳殿位于前殿东西两侧，与其共用一山墙，面阔三间，进深五檩，硬山顶，前檐靠近前殿一间处设南北墙，使东西耳殿明间及另一次间庙宇院落隔离，另

图八 元圣宫后殿正立面图

图九 元圣宫西配殿Faro点云模型

靠前殿一间处为过门。

二进院东西厢房均硬山式，面阔三间，开间均3米，进深两间3.6米，前廊深0.9米，合瓦屋面，过垄脊带排山铃铛。前设近代门窗。

二进院正房，硬山式，面阔三间，开间均3.3米，进深4米，前后廊深1.1米，合瓦屋面，过垄脊带排山铃铛，前设近代门窗。

二进院正房东西耳房：面阔两间，4.4米，硬山式，合瓦屋面。有廊将正房及厢房相连，廊宽0.9米。

三进院后殿硬山过垄脊（图八），面阔五开间，黄琉璃绿剪边筒瓦，金龙和玺彩画，月台高大。东西配殿各五间（图九）。院中柏树参天，甬道用各色石子拼

表一 元圣宫内部建筑规格分析表

建筑名称	屋顶制式	屋身制式
仪门	硬山屋顶过垄脊	面阔三间，开间次间3.37米，明间3.6米。进深六檩，5.5米。山墙高5.02米。
前殿	硬山屋顶过垄脊	面阔三间，开间均3.14米，进深七檩，4.11米，山墙高5.41米。
东西耳房	硬山屋顶	面阔三间，开间均3.41米，进深五檩。
二进东西正房	硬山屋顶过垄脊带排山铃铛	面阔三间，开间均3.3米，进深4米，前后廊深1.1米，和瓦屋面。
中殿	硬山屋顶过垄脊	面阔三间开间均3.4米，进深4米，山墙高5.36米，前后廊深1.1米。
后殿	硬山过垄脊黄琉璃绿边筒瓦	面阔五间，梢间3.9米，次间3.8米，明间4.2米，山墙高7.2米。
二进东西正房	硬山屋顶过垄脊	面阔三间，侧间均为3.2米，明间为3.42米，进深两间，3.6米，前廊深0.9米。

成图案。二进院正房东西耳房：面阔两间，4米，硬山式，合瓦屋面。有廊将正房及厢房相连，廊宽0.9米（表一）。

（四）传统方式与本次方式的数据采集对比研究

1.传统方式与本次方式的优略对比

针对传统方式与本次数据采集方式，我从最重要的两个方面进行对比，分别是数据采集效率以及数据采集的精确度。因为我认为，通过这两个方面对两种数据采集方式进行对比实验后可以很好地寻找到更优的数据采集方式。

首先是数据采集效率，传统的数据采集工具主要是利用直尺、皮尺、水准仪、测距仪对建筑物进行测量，一般情况下都需要攀爬到建筑物屋身以及屋顶或是房梁枋条上对古建筑物进行测量，再或者是在古建筑外搭脚手架进行测量，这样会因为攀爬对古建筑物部分地方造成二次破坏，而且十分耗费时间成本，一般测绘一栋面阔三间进深3米的抬梁式古建筑时，需要花费三个人至少两天的时间才能完成数据采集，但在Faro激光雷达和无人机的配合下，Faro激光雷达可以完成人视角以内的数据采集，无人机则可以代替爬到屋顶上测绘的人，直接飞到屋顶上方进行正射拍照即可，无须攀爬古建筑就能在三个小时之内完成数据采集以及内业解算的工作量。在降低了人工成本的同时极大地提高了工作效率。

其次在数据采集的精度上，传统的测量工具例如直尺、卷尺一般只能到毫米级别，并且因为人为因素会有一定的误差，在修复阶段因为误差的存在会耽误古建筑保护修复的时间，但在Faro激光雷达和无人机的配合下的数据采集成果可以精确到毫米后一位小数，并且误差仅在毫米级别，原因也很简单，就是利用Faro激光雷达和无人机采集后的数据是激光点云数据，可以在各个点云之间测量，不涉及人为测量产生的误差问题，很大程度上提高了数据采集的精确

度，并且数据利于整理，对物质文化遗产保护起到推动的作用。

2.传统方式与本次方式的成果展示

传统数据采集方式是利用人工测绘出的数据进行分析，可以获取到古建筑内外部目测出的问题结构以及根据测绘出的数据绘制成CAD图纸。

Faro激光雷达配合无人机单反相机可以获取到建筑物全景图、三维点云模型、虚拟现实模型、室内室外等比例高分辨率全景图、三维可视化展示模型以及根据所解算出的点云模型获取到的高精度CAD图纸。

四、研究成果

（一）工作流程以及技术成果

利用Faro地基雷达扫描后导入Scene处理出来的成果结合Smart3D建模的成果进行对比。与传统测量对比大大提高了测绘精度；将采集的数据三维可视化，可以更直观展示建筑群的现状，与传统的CAD展示相比更加一目了然；通过数据的扫描可以利用虚拟现实技术对其进行与原建筑1:1的效果展示。为之后的保护规划提供前期数据，本方法相对传统数据采集方法而言更加多元化，有利于数字化保存并且精确节约人力物力时间成本（图一〇）。

（二）本次方法更加适用于现代工作模式的具体体现

首先传统的数据采集整理模式相对单一，并且因为需要人工测量建筑物，会对建筑物造成不必要的损坏，并且精度相对不高，需要很大的人力物力以及时间成本。比如因发生自然原因古建筑物发生损坏，但不利于肉眼观察，只能依靠测量手段，那就像这样的保护工作一样，传统的工作模式就很难在短时间内完成对建筑物的测绘以及安全排查，但利用现代的数据采集整理方式就可以很快地完成任务；再或者有些时候要对古建筑进行安全保护以及安全隐患排查

工作，那就可以利用无人机航拍建模的方式快速高效率进行数据采集建模分析，也可以快速到达一些较高的建筑之上，进行数据采集。现代的工作模式还可以将建筑物三维可视化，不再是单一地利用CAD制图进行展示，而是更加丰富的展示手法。为古建筑保护提供更加精确的数据支持，也可以利用现代的工作模式对物质文化遗产进行数据采集整理研究，更行之有效地对古建筑进行保护研究，为古建筑保护研究提供普世的方法论。

（三）针对本次研究成果对古建筑单体与古建筑群的数据采集整理方法

针对本次研究成果对古建筑单体的数据采集整理方法比古建筑群数据采集整理相对简单，首先是对建筑物单体内外以及建筑物周边环境的考察，查找之前有无修复以及损毁情况，并做好记录工作。对古建筑群的数据采集需要考虑各建筑单体之间关系和各古建筑单体的等级。查看古建筑群内有无古树需保护，是否会对扫描

造成遮挡。

在确定建筑物的保护范围、文物建筑以及建设控制地带之后对建筑物单体进行布点扫描，要求室外至少每个面都有三个扫描点，室外总布设扫描点数不得少于八个，室内不得少于四个。之后根据具体保护研究要求设置扫描距离以及点密度，并要求采集彩色全景相片，对重点屋架结构以及原先的壁画进行重点扫描。扫描后进行Scene内业处理，获得建筑物的平面图、正立面图、侧立面图、背立面图以及建筑节点图。并制作三维点云模型，通过对绘制的工程图纸与三维点云模型进行分析，发现建筑物梁架内建筑物室内室外的安全隐患、需要保护修复的部分节点以及需要更换大木作的具体尺寸，并保留原始数据采集资料，为后世保护研究提供数据支持。

利用无人机分高度以及角度对单体建筑进行倾斜摄影，再利用Smart3D内业软件进行处理，获得实景三维模型，通过对三维模型的比对，判断需要修复的安全

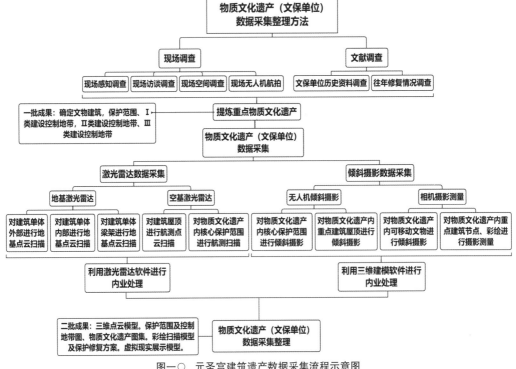

图一〇 元圣宫建筑遗产数据采集流程示意图

隐患点，同时可以更加直观地对古建筑进行三维模型展示。以上研究为针对古建筑单体的数据采集整理方法。

四、结语

在此次研究中主要利用无人机、单反相机以及Faro激光雷达等先进测绘设备、三维建模技术对元圣宫物质文化遗产进行数据采集研究，并利用其研究成果总结出一套更适用于当今历史建筑保护研究的方法，相比传统方法而言无论是工具上还是技术上都是一种创新，将所获取展示的数据应用于物质文化保护遗产研究上，极大地提高了数据的精确度以及工作效率。通过对绘制的工程图纸以及三维点云模型进行分析，发现建筑物梁架内与建筑物室内室外的安全隐患、需要保护修复的部分节点以及需要更换大木作的具体尺寸。并保留原始数据采集资料，为后世保护研究提供数据支持。

基金项目：北京城市学院2019年科研种子基金项目经费资助

（作者单位：北京城市学院）

1917年京直地区水灾救助
相关史料初探

高山流水

1917年7月开始，京直地区（当时地域大体为现今京津冀地区）发生了数十年一遇的大洪水，破坏力惊人，该地损失惨重。受灾达103县，受灾累及村庄19045个，受灾人口635万余人，成灾田亩约254823顷①。水灾发生后，从政府官绅到社会各界，纷纷行动，为这场大灾展开了轰轰烈烈的救助，也为民国以后救灾提供了参考。

此次水灾是进入民国纪元以来京直地区所遭遇的首次大灾害，灾害的性质及救灾的方式得到了广泛的关注与研究。研究者对此次水灾的成因及救灾措施等进行了多角度的分析。1919年督办京畿一带水灾河工善后事宜处编写的《京畿水灾善后纪实》，是一套翔实的救灾工作描述，也是研究此次水灾的基础性材料②。张加诚、王立用华北地区的气息站数据对1917年华北大水的雨情、水情、灾情及成灾原因进行了论证③。张明爱、蔡勤禹对此次救灾制度的建设进行了详细的分析④。王秋华对京直水灾的赈济情况做了翔实的调查⑤。刘宏从天灾人祸两方面分析了水灾的成因⑥。赵蓬、李三谋从水灾灾情、原因、举措等多方面分析了此次水灾⑦。周秋光、池子华均从慈善教育事业⑧及慈善救护方面⑨对此次水灾进行了深入研究。

笔者在整理北京市文物局图书资料中心（以下简称"我中心"）文物藏品时发现了可以佐证此次灾害的实物史料，此次仅以我中心庋藏藏品史料佐证水灾灾情和救灾措施，以及挖掘救灾人士在水灾中的表现，并分析救灾人士在其中发挥的作用和他们所在的机构（政府）发挥的作用，以丰富学界研究。

一、藏品反映的1917年京直地区水灾信息

1917年夏末秋初，华北地区阴雨肆虐、河水暴涨，迎来了几十年难遇的大水灾。据北运河防局呈"七月十五六七及二十一等日，伏雨连绵，昼夜不息，潮白、温榆、闸河等同时并涨，又值永定河盛涨入运……自二十二三四日，陆续长水至一丈九尺，连底水深至二丈五尺五寸，拍岸盈隄，洪流浩瀚，隄高水面一二尺不等……"⑩由此可见，水灾始于大雨，雨量极大且时长。《字林报》在当月三十一日的报道中云："大雨滂沱，受灾之地又复甚广，北运河亦惯于患者，冲毁其隄防五处，京津间肥沃之地已大半成泽国，此水决无被通出海之理，制造十百千万之乞丐，使有用之地变成无用。"⑪可见受灾之始，灾情非常严重。"本年（笔者注：1917年）京畿被水之广，小民受困之深，为近数十年所未有。京兆所属重者七县，轻者十一县，无灾者不过二县。直隶所属重者三十四县，轻者五十二县，无灾者不过二十一县，其有灾而可以不赈者十一县耳。统计应赈之民约在

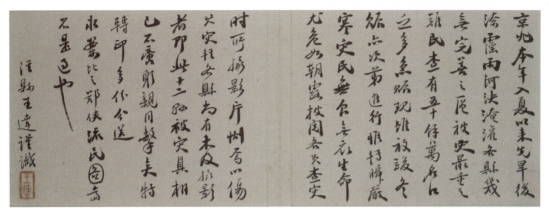

图一

四百三十四万二千余口。"⑫在当年水灾的初步统计中可以看出，受灾之广、灾情之重是无可争议的。

我中心所藏《京兆各县水灾状况》照片册为京兆公署于民国六年（1917）八月制，图册单页长21.4厘米，宽23厘米，共13开，前页有时任京兆尹的王达手书题记内容（图一）：

京兆本年入夏以来先旱后潦，阴雨河决，淹灌各县，几无完善之层（？）。被灾最重之难民查有五十余万名口，乏多急赈，现虽放竣，冬赈亦次第进行，惟转瞬严寒，灾民无食无衣，生命尤危。为朝露批阅各员查灾时所摄影片，恻焉心伤，大（？）灾耗各县尚有未及摄影者，即此十二县被灾真相已不啻躬亲目击矣。特转印多份，分送冰案，比之郑侠《流民图》当不是过也。

泾县王达谨识。（朱文印：王达）

《京兆各县水灾状况》照片册中共计24张照片，记录了12个县受灾的状况。照片由"北京一亚照相"拍摄，每张照片冲洗时均配有文字。封面内容为"中华民国六年八月""京兆各县水灾状况""京兆尹公署制"（图二）。在照片册中，时人亦有13处正书题跋，对应图片，描述了受灾村落、人民的惨状，为观者还原受灾情境。照片、题跋文字内容如下：

1."宝坻县水灾状况图：县境被水区域最广，灾情以景村为重，水绕村周，交通阻绝，饥民麕集，大有束手待毙之势。"题跋文字："宝坻十年九涝，本年蓟运河隄（堤）漫决，灾情尤重。全县一千余村，被灾者八百十三村，灾民有三十万七千余口之多，载道流离，伤心惨目。"（图三）

2."宝坻县水灾状况图：蓟运隄（堤）决五十余丈，孟村正当大溜，服物漂没，房屋坍塌，灾民迁移高处者，咸自惊涛骇浪中来，儿童疾百相向呼饥，实令人不堪入目。"

3."宝坻县水灾状况图：蓟运决口，王力村被灾最重，平地水泺丈余，极浅处亦没髁及膝，迁徙者搴裳行水中。"

4."涿县北门外居民被水之惨状"；题跋文字："涿县巨马河上游河水出槽，

图二

图三

致平地水深丈余,淹没二百六十五村,又被雹四十五村,灾民有十二万八千四十五名口,饥疲露宿,蔽体无衣。"

5. "各乡灾民到急赈事务所领乾粮之景况。"

6. "急赈船至大石桥皇亭子发给灾民乾粮之景况。"

7. "驻西关三官庙军队泥水上用筏笭运装械之景。"

8. "霸县水灾状况图:县境被水村庄约十之九,损失之重为从来所未有,若此村者尚有未尽倾圮之屋,余村则举目苍茫浩淼无所见矣。"题跋文字:"霸县大清河下游龙湾村东隄决口,淹没一百八十余村,灾民五万五千三百余名口,现又遭文安窪漫水,灾情加重,庐舍荡然奄奄迫尽。"

9. "霸县水灾状况图:县境之水向待津河宣洩,今夏津河盈溢,寔莫能容。故水势至今未杀,灾民无地栖息,坟墓陷落,棺木漂流,景象之惨,无逾于此。"

10. "霸县水灾状况图:县境地最低下向为上游诸水汇注之区。今夏阴雨成灾,易、来、房、涿同时被水,于是洪波巨浸,由新、雄等处奔注而来,不转瞬间水淰盈文,官绅组织救生局,灾民全活者无算。七月三十日救生船出发时拍照。"(图四)

11. "永清县水灾状况图:查家马村与池口同时被灾,刹那间水势盈丈,男妇老幼延伫望救,惨淡形容不堪入目。"题跋文字"永清县受永定河北三工及北七工漫溢之灾,被淹村庄达百余,灾民植立水中,沿途求食。"

12. "永清县水灾状况图:永定河水自固安绕北堤,下池口村适当其冲,水势浩大,救生船往来不已,待渡者蹙额倚门,状至愁苦,唯小儿则嬉戏舟中方以为乐,不识不知。噫!亦云惨矣。"

13. "宛平县水灾状况图:永定漫溢,胡其营村亦被冲毁,服饎(饰)器物上下随波,灾民熟视莫可,如何剜却心头肉,天下难堪之境孰逾于此。"题跋文字:"宛平县被浑河水溢决口,又加永定河北三工溃溢,淹灌村庄共十六处,灾民八千一百余名口,扶老携幼,四处乞食。"

14. "宛平县水灾状况图:永定决口,水灌街心,衣物米薪悉被冲刷,其矗立狂涛骇浪而未颠仆者,只此粮店照壁与牌楼而已。"

15. "蓟县水灾状况图:景村街地低下,运水大溜澎湃而来,全村房屋千数百间,存者只此,屯外,则杨柳数株,欹斜欲仆,树犹如此,人何以堪?"题跋文字:"蓟县马道村、杨各庄、老丁庄、康各庄均因河水漫决,被灾二百四十七村,灾民计九万一千七百余名口,鹄面鸠形,仅存皮骨。"(图五)

16. "武清县水灾状况图:县境既受

图四

图五

永定河水，龙凤各河又同时涨溢，蔡村一带悉成泽国，人民避集铁路傍，而水亦遂至，荡折离居，惨不忍睹。"题跋文字："武清自永定河漫决，东马圈、杨村一带共淹没一百八十村，灾民十六万三千一百余名口，呼号之惨，耳不忍闻。"

17．"平谷县水灾状况图：安乐村因山洪陡至，人民逃避不及，多遭淹毙，其幸而遇救者亦复食不果腹，衣不蔽体，白发老人、黄口孺子群聚呼号，实令人不忍闻见。"题跋文字："平谷因山水暴发，冲淹十七村。灾情虽较他县为轻，而人口因猝不及避，有淹毙者。存者，树宿岩栖，剥抉树皮草根为食。"

18．"固安县水灾状况图：十里堡村受永定大溜，房屋什物一扫靡遗，无富无贫咸遭其祸，每一念及悲痛不胜。"题跋文字："固安受永定河北三工及小清河、牤牛河漫溢，被淹至一百六十村，灾民六万六千二百余名口，荡析离居，有求鬻子女者。"

19．"安次县水灾状况图：县城系土筑，今春始修理。永定漫决，水竟环城，未没者不及三版。关外居民虽徙城内，亦复岌岌可危。西门之大桥往时行人如织，今则石栏而外无所见已。"题跋文字："安次被永定河漫决，冲没二百二十六村，近城者妇孺麕集街市求乞，途为之塞。"
（图六）

20．"三河水灾状况图：鲍邱决口，东马圈村被水特重，瓦石林木尽入洪流，灾民居高堰者，泥泞没骽，地势少下者，不问可知矣。"题跋文字："三河因鲍邱河漫溢，被水村庄四十五处，灾民一万零八百余名口，因地势低洼，受灾亦重，沿村乞食多有水退而无家可归者。"

21．"固安县水灾状况图：自来白洋河涨水三尺，则永定河必不能容。今夏白洋水至五尺，故永定有两丈余之奇涨，北三漫决人力难施，堤畔森林且被溜刷去，民舍村庐势何能御？"

22．"安次县水灾状况图：柳原亦永定河水冲荡之区，村内崩榛塞路，断壁阻途，经过其地者望而生畏，爰居爰处之人何以堪此？"

23．"三河县水灾状况图：太平庄突遭巨浸，壮者求食四出，儿童多无人抚育，赤身露立，哭泣呼饥，见者伤心，闻者酸鼻。"

24．"香河县水灾状况图：减河漫溢，安玉全村中牲畜人民悉入巨浸。登高远望唯存丛树，遥光田舍村庐不复能见矣。"题跋文字："香河亦连年被水，本年因五河、王庄新隄决口，又中营引河亦决，灾重者一百零五村，灾民六万四千一百余名口，嗷鸿遍地，因素称瘠邑，呼籲（吁）尤殷。"

我中心藏一枚救灾奖章从另一侧面

图六

图七

佐证了当年水灾善后事宜（图七）。奖章长4.6厘米（含绶带长10.5厘米），宽4.6厘米，铜制，采用景泰蓝工艺。正面由红十字标志组成，在十字周围环绕绿色橄榄枝，中间圆环内篆书四字"博爱仁慈"。背面文字为"中华民国督办京畿水灾事宜熊希龄赠""老天利制""足纹"。

二、受灾情况及救灾背景

　　1917年水灾前期因自然持续特大降水所导致，后期因自然及各种次生灾害频发而产生。而往往受灾前期灾情不是非常明确，通过《京兆各县水灾状况》照片册录文中的统计可以直观看出水灾伊始受灾的村口数量（表一）。

　　此照片册内题跋是目前笔者所见最早的受灾村口、人口数量统计数据。通过照片册录文中梳理出的受灾村口数，我们可以看出，仅仅是受灾短时间内统计出的数字已很庞大，可以想见水灾初期受灾面积与规模非常震撼人心。虽受限于当时的条件，与1919年出版的《京兆水灾善后纪实》最终统计略有出入，但仍可以反映出其初期的时效性与准确性，京兆八个重灾县已上列其七（在前期官方报道中即为七个县），部分受灾县仅最终人口数存在微小出入。

　　此次灾害的成因，不外乎"天灾""人祸"两种[14]。"天灾"即大雨所致，尽管民国时期气象测站数量稀疏，但在当年的监测数据中看到，7月暴雨的中心位置在太行山及燕山两大山系全线，北京和保定的月降水均在400毫米以上[15]，北京更为438.3毫米，是历年同期平均降水量258.2毫米的1.7倍[16]。据天津《益世报》八月三日的报道："永定河自上月十五六七二十一等日大雨……自二十三日起至二十七日五昼夜，大雨如注，河水涨至二丈四五尺不等，水与堤平，上游山水仍续暴发……因连日大雨，又上

表一 京兆各县被灾村口、人口对比（表格说明：重灾县用下划线标明）

受灾县	《京兆各县水灾状况》		《京畿水灾善后纪实》[12]	
	受灾村数	受灾人口	被灾村数	被灾人口
宝坻县	813	30万7000多口	813	307065
涿县	310	12万8045口	200	128060
霸县	180余	5万5300多口	1888	56119
永清县	100余		96	40250
宛平县	16	8100多口	46	43181
蓟县	247	9万1700多口	247	91786
武清县	180	16万3100多口	179	163196
平谷县	17		19	3970
固安县	160	6万6200多口	160	66205
安次县	226		213	131753
三河县	45	1万0800多口	45	10869
香河县	105	6万4100多口	105	63574

游忽来大水，二十六七日等日平地水深丈余……"大雨所致"山水暴发""河水漫溢"等水情在《京兆各县水灾状况》图册中亦屡有体现。

大雨是灾害的成因之一，在图册中的简单录文中可以看出，受灾河流就有永定河、拒马河等14条，而"连年被水""因地势低洼，受灾亦重""自来白洋河涨水三尺，则永定河必不能容。今夏白洋水至五尺，故永定有两丈余之奇涨，北三漫决人力难施，堤畔森林且被溜刷去……"见微知著，可以看出"人祸"也是此次水灾的成因之一，受地势限制且河道疏浚常年荒废，河道周边水土流失导致了灾害的扩大化。受天灾人祸的影响，京直地区受灾面积进一步加重，我国近代著名地理学家白眉初在1917年10月的天津《益世报》上连续三天刊登了《论直隶水灾之由来及将来水利之计划》一文，详细阐述了华北平原地区的地势以及森林峰谷峭峻导致水土流失、河中泥沙淤积的原因和解决办法，表明当时社会即认识到植树造林对于水土流失的防治办法。而河道疏浚荒废致淤塞是另一原因，熊希龄在给《京畿河工善后纪实》作序中写道："……自前清两百余年，屡遭泛滥……未有根本解决之法。降至光宣末季，朝政腐败，吏治衰颓，河堤日窳，河道日淤。"由此可见，京直地区的河道经常因淤塞而泛滥成灾，而民国时期社会政治混乱，"府院之争""张勋复辟"即发生在水灾之前，由此也可以看出在疏通河道上统治军阀亦无暇他顾，致使此次灾害雪上加霜。

在我中心所藏的两件文物中，可以看到伴随着天灾人祸，在动荡的社会环境里，有两个救灾的身影，即京兆府府尹王达和京畿水灾河工事宜督办熊希龄。王达（1881—1946），又名兰生，字志襄，安徽泾县人，1915年7月21日袁世凯政府明令京兆为特别区，并派王达筹办京兆地方自治事宜[17]，同年10月5日王达正式任职京兆尹[18]（相当于今市长）。王达虽为袁世凯任命，但勤政爱民，上任后就曾为受水灾困扰的宝坻县和香河县申请拨款赈济[19]和豁除粮额政策[20]，随后又申请了多项修筑堤漫工程，其中永定河北六工堵筑工程完美地防范了此次大水灾侵袭[21]。1917年水灾发生后，王达在国库没有拨款前，就主动筹集巨款赈济灾民，由尹署出面购买了大批粮食及生活必需品送往灾区，平定物价，安抚人心[22]。从我中心所藏图册中王达所写题记的字里行间可以看出他对于灾情的震惊与痛心，并在灾情发生时已及时统计并调查受灾状况，采取了急赈措施，且着手冬赈准备，图册为八月印制，亦反映出京兆官署对于水灾的行动力。1917年8月的《申报》中刊登了大总统在一个月内批准了王达两次对于水灾赈济拨银的申请。同年11月，熊希龄《呈大总统汇报筹办政务情形文》中"……京兆所属事同一律准京兆尹咨请，于前领官赈及筹募项下所余之十一万尽数拨作各县修复工程之需，自应覆准照办……"[23]从侧面也可以看出王达对于救灾的反应十分迅速且统筹得宜。

在水灾进一步严重的情况下，前总理熊希龄（1870—1937）于1917年10月4日临危受命，组织设立督办京畿一带水灾河工善后事宜处，并担任督办，协调各方力量，总领大局。由于民国初年政府财力不足，在解决救灾问题中，熊希龄着重倚靠了国内外的慈善团体，展开了轰轰烈烈的救助活动。在筹集物资当中，熊希龄除了采用中央政府拨款或捐款外，还向境外机构进行借款，同时通过通讯手段在社会上对中外各界进行募捐，1917年12月12日的《申报》中曾以"又开捐官旧例"为题报道了熊希龄的招募方式："捐赈至数十万元以上者，拟请特授勋位或褒奖委任及各升职……如有慨捐巨款救济灾民者，本督办即当援案呈请特予优奖……"在1918年和1919年，熊希龄分别为不同阶层人士向政府提请了褒奖行文，我中心所藏"熊希龄赠章"，从侧面证实熊希龄在水灾中向社会筹集物资中的不懈努力。

在水灾赈济中，王达与熊希龄都用各自的方式而努力着，作为当时的京兆尹与救灾督办在水灾救助方面也有着官方的协商与合作。1918年1月4日熊希龄发电报《续订平粜办法致京兆尹等电》㉔中对购粮平粜、平抑粮价的实施措施可以看出官方救灾的实际执行力。1918年1月22日京兆尹与督办京畿一带水灾河工善后事宜处共同呈送的《工程事务所主任员呈送办事细则及管理待遇工人规则文》中，领导层"主任一员""稽查一员""弹压委员三员"均由督办处会同京兆尹委任㉕，可以看出两个人所在的机构合作联系十分紧密。1918年3月16日，王达、熊希龄为代表与中法实业银行签订《兴修门头沟一带马路向中法实业银行借款合同》，借款25万元，合同中规定了京兆政府具体还款时间及金额㉖，此合同采用以工代赈的方式实施，也是两人在救灾中通过官方途径的合作尝试。

三、水灾救助措施与方式

由于水灾时间长，波及面广，政府与社会各界都对此次救灾投入了巨大的人力物力。熊希龄与王达为代表的救灾团体积极通过急赈、冬赈、春赈、工赈、募捐等传统救灾方式及时反应救助，也开辟了中外慈善救助、对外贷款和新型以工代赈等创新的救助途径。

政府所采取的措施中有令熊希龄组织设立督办京畿一带水灾河工善后事宜处，为水灾成立国家专职的救灾机构。督办处设立之初即筹拟工赈办法，设法堵住各县各河决口，统计被灾村口数，设法平粜等各项救灾事宜㉗，且号召各机关团体组成水灾赈济联合会，共同协调救灾事宜。督办处的行政等级地位与熊希龄个人影响力使救灾实施得以推进，救灾思想有了直观的突破与改变，在中国救灾史上有里程碑式的发展。在督办处未成立前，各

负责政府机构也已开启救灾措施，我中心所藏图册中，王达在题记中即有提及"被灾最重之难民查有五十余万名口，乏多急赈，现虽放竣，冬赈亦次第进行"，可知救灾初期急赈缺乏，冬赈已开启。在1917年8月15日的《申报》里，步军统领江朝宗与京兆尹王达即为水灾请赈发文进行报道。1917年10月，为筹集助赈财物，当时社会政治人物与各界名流发起了水灾游艺助赈会，并在中央公园（今中山公园）多次举办，发起此项活动的有徐世昌、段祺瑞、王士珍、梁启超、王达等百十位政界人物㉘。

由于民国初期国力不足且军阀内斗，内部存在急赈缓办、吃灾卖荒等㉙情况，政府机构无力运转庞大的救灾机制，救灾仍倚靠民间的施救与自救，政府在救灾过程中起到的是统筹协调的作用。因此，"官民合办"的运作模式逐渐普及且流行起来。在我中心图册照片所配文字中有"由新、雄等处奔注而来，不转瞬间水淼盈文，官绅组织救生局，灾民全活者无算"，由此看出，第一时间参与救援的为官民合办的救生局。救生局机构的建立兴起于清乾隆时期的岳州救生局，最主要的目的即是在河湖水面展开救援活动，此项公益救生主要有官办、民办和官民合办三种形式㉚，《霸州市志》中亦提及"霸县城内设救生局，备船接难民入城。县知事唐肯与邑绅四出募赈，前后集资10万多元"㉛。在我中心照片册的图片和文字描述中即可看出此为官督绅办的救援运作模式。

政府以工代赈的救灾方式由来已久，此次救灾创新之处即联合中外慈善团体进行救助。京兆尹王达曾与美国红十字会代表商榷以工代赈办法，并拟招集京属被灾十二县难民二万人修筑由京至汤山一带，路工每人每月给工资五元，并另给棉衣一套，由美国红十字会助资，中国红十字会助衣㉜。熊希龄为解决灾民生计问题，与京畿水灾赈济联合会筹商，与美国

红十字会进行合作，修筑由北京到通县的马路，美国红十字会与督办处总共出资25万元[33]，督办处与慈善团体和各级政府的妥善协调，使灾情善后得到稳步推进。

社会各界也纷纷慷慨援助，京畿水灾赈济联合会、美国红十字会、中国红十字会、天津水灾义赈会、京直奉水灾义赈会等数十个中外慈善团体组织赈灾救济。由于社会征集捐款数额巨大，而灾民数量庞大，但仅京津放赈团体有16处之多，且各不相谋，因此在10月15日设立了京畿水灾联合会，各项社会慈善救灾事务由联合会统一协调[34]，如冬赈由顺直助赈局办理，春赈由天津顺直义赈会担任[35]。1917年水灾中，中外慈善团体在救助中起到了巨大的作用，当年各大报纸一直跟踪报道着中外红十字会及各慈善团体募捐、赈济、救助等各流程，使救灾公开、透明且反响巨大，也因此开启了大范围慈善救灾的运作模式。在慈善之后，表彰奖励是最好的途径，民国时受西方影响，奖章奖励颇为流行。熊希龄曾为各界人士申请奖章进行表彰，为工、赈两项出力的人员申请制定一、二、三等鳌鱼奖章及一、二、三等纪念章作为奖励[36]；为天津各租界救护水灾出力的洋员及救护会会员申请勋章[37]；为中外慈善捐助的各界人士申请各式奖章[38]。我中心所藏奖章即可反映出当时奖章表彰的缩影，从奖章文字"博爱仁慈"和"红十字"图样中可以看出熊希龄与红十字会在救灾中的紧密合作，而从景泰蓝制作工艺和"老天利制"这些品牌展示中又能看出，民国时期人们在灾情下对于民族工艺与民族品牌的扶持与支持。

通过1917年京直水灾的救助，在历史、社会等原因下，形成了独特的救灾模式。慈善团体、慈善机构及新型慈善事业也登上了历史的舞台。此次救助开启了民国救灾的先例，通过1925年出版的《交际尺牍大观》中"报告灾区状况""条陈棉衣急赈"等范例模板可以看出在后续实行中不断进行完善，水灾救助起到了承前启后的作用。熊希龄由此创办香山慈幼院，开启了慈善与教育事业。中外红十字会及慈善团体在此次救灾中发挥了巨大作用，政府与慈善团体通过此次合作探索出了救灾的新方法与经验，为以后救助提供了可借鉴模式。

四、结语

综上所述，我中心所藏两件文物史料从侧面佐证了1917年京直水灾的救助过程，通过史料中提及的两位人物——王达和熊希龄在各自岗位上对水灾救助上采取的努力，以及双方在灾后救助中与官方的密切合作，反映出当时救助的困难，以及社会各界对救灾所采取的积极措施和影响。此次赈济结合前人经验，延续了急赈、冬赈、春赈、救生局救援等前人的救灾措施，在救助中贴合社会环境发展变化，明确了官督民办的合作模式，创新地引入了新的慈善理念，使得红十字会的救助作用有了质的飞跃，同时引入了外国机构参与的新型"以工代赈"的救助模式，取得了巨大成功。1917年的灾情救助起到了承前启后的作用，为民国后期赈灾提供了良好的借鉴经验。

① 督办京畿一带水灾河工善后事宜处：《京畿水灾善后纪实》卷二，1919年，第33页。

② 督办京畿一带水灾河工善后事宜处：《京畿水灾善后纪实》卷二，1919年。

③[15] 张加诚，王立：《1917年华北大水初析》，《灾害学》1992年第4期。

④ 张明爱，蔡勤禹：《民国时期政府救灾制度论析》，《东方论坛》2003年第2期。

⑤[29] 王秋华：《1917年京直水灾与赈济情况略述》，《北京社会科学》2005年第3期。

⑥[14] 刘宏：《天灾与人祸：1917年京直大水灾及其成因探析》，《河北学刊》2014年第2期。

⑦ 赵蓬，李三谋：《论1917年京畿直隶大水

灾》，《农学学报》2014年第12期。

⑧ 周秋光：《论熊希龄的慈善教育思想》，《湖南师范大学教育科学学报》2008年第4期。

⑨ 池子华、严晓凤、郝如一：《〈申报〉上的红十字》，安徽人民出版社，2011年。

⑩《政府公报》1917年7月29日第551号。

⑪《西报纪京津间之水灾》，《民国日报》1917年8月7日。

⑫《熊希龄筹办赈务情形》，《申报》1917年12月15日。

⑬ 督办京畿一带水灾河工善后事宜处：《京畿水灾善后纪实》卷二，1919年，第28—29页。

⑯ 于德源：《北京灾害史》，同心出版社，2007年，第117页。

⑰《中国大事记》，《东方杂志》第十二卷第九号，第8页。

⑱《京兆尹王达呈报接印视事日期文并批令》，《政府公报》1915年10月15日第1234号。

⑲《大总统批令》，《政府公报》1915年10月25日第1244号。

⑳《命令》，《政府公报》1916年3月20日第74号。

㉑《大总统请奖给永定河六工合龙在事出力人员勋章文》，《政府公报》1918年3月11日第762号。

㉒ 郭静洲：《泾县最早的洋状元王达》，《江淮文史》2010年第1期；合肥市政协文史资料委员会、阜阳市政协文史资料委员会：《皖系北洋人物》，安徽人民出版社，1993年，第323页。

㉓ 督办京畿一带水灾河工善后事宜处：《京畿水灾善后纪实》卷三，1919年，第4页。

㉔ 周秋光：《熊希龄集》第六册，湖南人民出版社，2008年，第372页。

㉕ 督办京畿一带水灾河工善后事宜处：《京畿水灾善后纪实》卷十四，1919年，第18—19页。

㉖㉝㉟ 赵新颖：《熊希龄与1917年京直水灾救济》，河北大学2013年硕士学位论文。

㉗ 周秋光：《熊希龄集》第六册，湖南人民出版社，2008年，第125页。

㉘《京畿水灾征求物品助赈启》，《申报》1917年10月17日。

㉚ 蓝勇：《明清时期中国内河的公益救生》，《光明日报》2015年5月20日。

㉛《霸州市志》编委会：《霸州市志》，中国文史出版社，2006年，第21页。

㉜《红十字会赈务二则》，《申报》1917年11月4日。

㉞《熊秉三之办赈电稿》，《申报》1917年10月30日。

㊱《各通信社电》，《申报》1919年4月15日。

㊲ 大总统核议外交部请奖给天津各租界救护水灾出力洋员顾临等勋章文》，《政府公报》1918年7月10日第884号。

㊳《督办京畿一带水灾河工善后事宜熊希龄呈大总统为拟制赠奖各章式样请备案文》，《政府公报》1918年9月30日第963号。

（作者单位：北京市文物局图书资料中心）

北京石刻艺术博物馆藏《草书要领》帖石考

刘卫东

1989年，北京古籍出版社影印出版了《草书要领》一书，共277页。北京石刻艺术博物馆馆藏有《草书要领》原石29方。出版书名页上标"［晋］王羲之家藏原本""［唐］欧阳询等临"，出版说明"《草书要领》一帖，前人奉为'草书正法'，因刻石久佚，拓片残损，清人李云麟恐正法失传，遂于光绪丁亥年（1887）募资整理、刻石，次年竣工。流传至今，恰值百年，已刻石无存，拓片罕觅。"李云麟"募资重刊《草书要领》启""余家有世传《草书要领》集帖一部，为唐天宝中（742—756年）诸名家奉敕集二王草书所成"。"同治戊辰（七年，1868）身遭西陲兵变之难，《智》《信》二集竟入劫灰。嗣后广为搜罗者二十年，仅于海阳朱氏得见《信》，以外则无之。大约因石刻旧存江左，经粤匪之乱，更无遗者。今坊肆所存《草书》诸石刻，或笔法无误而断简残编，不堪取则；或师心自用，肆意简略；或参杂行楷，不求立法。本原显违正轨，而人莫能知者。""云麟以为，《要领》全集家藏及坊肆中均已无存，恐此诀一失，草书正法从此断矣。兹拟于养疴田里之暇，取现有之《仁》《义》《礼》《信》四集翻刻，以广其传。所欠《智》集一帙，则以家藏临本参互考证，补而成之。"可见原本脉络清晰，后经战乱变得混乱的"帖本"已经"刻石无存"，以至于坊肆中"帖"的烂本流行，莫衷一是。李氏尽到了"统一"的义务，只可惜其原石已"刻石无存"了。那么石刻馆藏的刻石又是什么？难道是发现原石了？也难怪，王羲之的家藏本，欧阳询等临，何时摹勒上石未知，但知在李云麟之前就一定有刻帖行世，这个帖石在哪里？李氏重刻帖是否仍在世间？是否就是石刻馆藏的29方刻石？我想通过北京古籍出版社影印帖本，与北京石刻艺术博物馆藏《草书要领》帖石，作如下的对比互校，或许对两者的分合关系能得到一些启发。

一、版、板顺序错落者

说明："版"，用作北京古籍出版社正式出版物《草书要领》的简称，"板"用作北京石刻艺术博物馆馆藏《草书要领》帖石的简称，以下仿此，不再说明。

按，正式出版格式16开本，版共占页面277页，但其中含有74页空白页一张，134页空白页一张，277页空白页一张，三张整页空白页，实为274页不足行，因其中尚有几处空行一至二行不等的。

而板虽有"六十"个编号，并无六十个整面，它是分刻在29块石板上的，双面刻字。如编号"一""二"即没有，编号"三"在二石（此"石"指一个石面，并非指一件整石，下仿此，不再说明）。出现二次，没有编号"十五"的整石，没有"二十七"整石，没有"三十六"整石，没有"五十七""五十八""五十九""六十"

图一

图二

整石，但均有相关的内容。"板"上真正没有的内容与实物的部分就是在"版"之1—11页，约占石两面零一行的篇幅。

编号"三"（有两个"三"）的第二石上有两个"二十七"和一个"十五"，此"三"石后半（即"二十七"）后二行为"笋""简""籜""筵""鶂""鷤""鷖""鷖"之篆、楷、草对比小字，此行应为版之72页之首（图一、图二），实为"類聚補·仁集"内容，出现在第二个"類聚補·仁集"之前、第一个之末。板按编号"十四"与"十六"之间缺"十五"整石，"三十七"石上亦刻有"十五"。板"三十五"与"三十七"之间没有单独"三十六"一石，但却有两个编号"三十七"刻石，在第一个"三十七"石之中有刻"三十五"编号，实为版175页及176页内容。板"三十八"与"三十九"之间一石，前右下刻小字"三十八複頁"、"五十七"；首小字"奇怪補"，中部"補遺補"，末"醮"

之楷、草。此板的内容版上没有。板"五十六"后此石前右下边刻"五十七複頁"，倒6行前右下方刻"五十八複頁"。此板，于版皆无有。此后一石前部右下边刻"五十七、五十九"（"七"字有改刀），首"長白松椿　助銀叁拾两"，末"托克托莫忒常裕　助銀叁拾两"，此板上内容，版亦无有，石亦不够长度。右下标号"五十七"之"七"系改镌"二""七"重合。

板缺"十五"。版72页首行"笋"末"鷖"之篆、楷、草板此石无，却在右下角刻"三"之第二石中部标"十五""二十七"后中间标小号字"二十七"之前，占一行。版大字"類聚補"（小字"仁集"）及后内容（含夢、殉、焦三行之共20字）板此处亦无，在板第一块标"三十七"石上倒三行，而版占72页末行，73页两行并空一行，74页是空页。

板缺"二十七"，此部分即版130—135页内容，刻于"33""三十七"石前部（占5行）及前"2"石上（占5行）。

板"五十四"，占版260、261、262、263四页，比常规少约三行字，石亦短尺。

此石位"五十六"石之后、后，前部右下边刻"五十七、五十九"（"七"字有改刀），首"長白松椿　助銀叁拾两"，末"托克托莫忒常裕　助銀叁拾两"，此板版亦无有。石亦不够长度。

此石位于上石之后，边刻"五十八、六十"首"長白奭良　助銀叁拾两"，末"貴筑黄彭年　助銀叁拾两"。版275倒二行"梅山"行及之前274、273全同。"梅山"后275之末行一人（寶坻　王汝彤），276之六人板皆无，但新添刻25人，版亦无。此石亦不够长度。

二、版有板无者

版1至11页为"募資重刊草書要領啓"及"募啓書後"二文，板则既无此文，又无编号为"一""二"之二石。

版67页首行大字"類聚補"接小字"仁集"，而板之相应位置即"十四"石之首则无此5字。

版末附捐款人名"梅山"后即275页之末行一人（寶坻　王汝彤），及276页之六人板之相应位置皆无。

板"五十四"，版261页左上边刻倒写"五十"，而板之相应位置即前部右下边刻有"五十七、五十九"与"五十八、六十"之二石则无。

三、板有版无者

版24页"川"字行"零"字下到底，空半格位置，而板"五"之"川"行"零"下多一"搎"字的楷、草小号字（图三、图四）。

版27页末即"歹"字行，该行末空一字，板"六"补一"籃"字之楷、草，版28页"春"字行末"矿"下空处板补一"鰕"字之楷、草小字，版则无。

版41页首行、板"八"倒第四行"監"字行末"盟"字下空处，板补一"特"之楷、草，版则无。

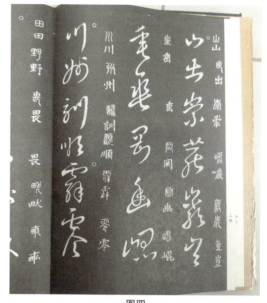

图四

图三

版48页"犒"行末"犀"字下空处，板"十"为补"犂""犖"二字之篆、楷、草对比字。

板"十六"前大字"草書要領"下双行小字第5行"將軍王羲之家藏原"近右侧有刻后被磨10字，依稀可辨"字""六""善""書""一""二""三""一""三""字"，多占一行，版75页相应位置未体现，仅为一空行。

板"十八"于"欽""銅"字下补"鎖""鉛"二字之篆、楷、草对比，版88页则无。版89页"雀"字行末字之"雕"字下空处，板补"集"之篆、楷、草对比小字。

版90页首行即"黨"字行末之空处"掌"字下，板"十九"相应处补"璞"之篆、楷、草对比字，版91页末行即"束"字行"枣"字下、末"繼"字上原空二字，板贴"繼"上补"統"之篆、楷、草对比。

板"二十"，版98页首、末两行之两末空处，即"矯"字行、"櫜（减'石''木'）"字行，板分别于"侯""爵"字下，补"闔""閣"二字，版无。版99页末行即"攻"字行末"變"字下空处，板补"瘞""敬"二字之草、楷，版则无。

板"二十一"，版101页末行"丈"字下空处，板补"輕"之草、楷。

板"二十二"，108页之二行即"方"字行之末字"施"字下空处，板补"綿""絮"二字，版则无。

板"二十八"，板前部落款"晋右将军王羲之家藏原本"近右平"王羲之"三字稍短刻"蔡卜臨"三字，版135页相应位置则无。

板"三十八"后、"三十九"前之板，前右下刻小字"三十八複頁""五十七"；首小字"奇怪補"，中部"補遺補"，末"醮"之楷、草。此板的内容版上没有。

板"四十"，于首行"歸""懷""濕"三字之后两字间刻"四十"二字，版则无。

板"四十四"，首大字"異同"，版210页此处无此二字。版213页二行即"泰"字行第三、四字大字草书旁楷书小字注"歇""歌"，而板之相应位置则注"歇""歌""䚇（蜀、頁，左右结构）"，板多一字"䚇（蜀、頁，左右结构）"。

板"五十二"，版250页所有12个草字旁仅有二"龜"字旁注以篆书字，其他11草字均仅注以楷书字，但"龜"字篆书下并未加楷书小字。板"五十二"则在11草字旁注的楷书字之上添补以篆书小字，实际上是7个篆书小字，不算"龜"字，即"蓬""春""差""司""雖""夔""頤"字。但起始"公"草书字旁、其后"峰"字旁、次行末倒二"伊"字旁，版、板亦均未加篆书小字。251页情况同250页，只是版的中路次字"於"与末行末字"佳"之上均未补篆书字。版252页首行"哉""才"，二行"丹"，三行"全""匏"，板未注篆书小字，其他补注，版均未注。版253亦略同，只是首行"多""和""裔""强"，二行"嘉""卿"，三行"條""雷"，板未注篆书小字。254页略同，只是首行

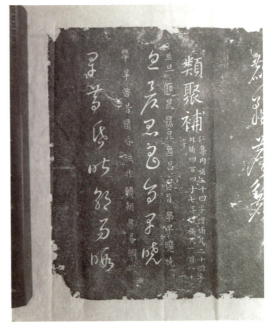

图五

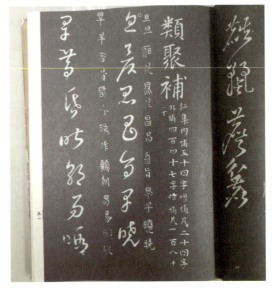

图六

"侯"、二行"劉"、三行"祀"板未注篆书字。"五十二"板，末行即"項"字行第三字"徙"之草书大字旁补注篆书小字用"[图]"，似乎应该用"[图]"为确。版254页未注。

"五十三"，本板的情况与五十二板略同，也是版草书大字旁仅注楷书小字，板则在该楷书小字上加注篆书小字，且多有遗漏。

此石位于"五十六"后，前右下边刻"五十七複頁"，倒6行前右下方刻"五十八複頁"。首"縱"之楷、草，末"及"之楷、草。此板，于版皆无有。

四、版对板错者

板"十"，版51页首行大字"類聚補"下双行小字二行末"凡一百八十"，板"十"石于"十"字后误增一"字"字，且下冒一格，则与其后提行"字"重复，明显错误，版不衍。（图五、图六）

版106页首行即"彳"行之倒数第二字"徽"篆、楷小字及草书大字均系"徽"字，而板"二十二"相应位置之草书大字相同，但篆、楷小字则为"微"字，误，且两处之篆书小字均有明显之改刻痕迹。

版149页二行首"易"之楷、篆，板"三十"石之相应位置误作"殤（减"歹"旁）"字。

版203页末行即"蔵"字行第二字"岐"之篆书小字左旁为"止"，清楚，而板"四十二"石之相应位置篆字左旁为"山"字，不确。

版210页首行即"頓"字行第二字"患"大字草书之楷书小字注一"患"字，而板"四十三"石此处则注二"患"字，为明显之误增字。

板"五十"倒二行即"亡"字行第三字草书大字"丹"旁注楷书小字"丹（左上加一"丿"）"，应误，版244页之相应位置则注"丹"字，未误。

五、板对版错者

板"五十二"，起首右下小字楷书第二行末字"彙"，版250页作"廿"字头，显误（图七、图八）。版253页首行即"漕"字行第五字"裔"之草书大字旁注楷书小字为"商"，错；板相应之字作"裔"，正确。

图七

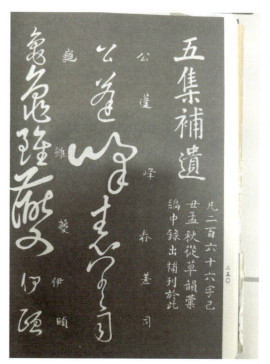

图八

版262页首行即"却"字行第五字草书大字"陌"旁之篆书小字明显左旁"阜"刻瞎了，板"五十四"之相应位置则清晰无误。

图九

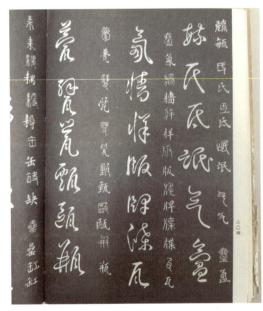

图一〇

六、版、板错对不定者

板"四十二",版204页草书"氤"之篆、楷小字分别为"壷"与"氤",及前一"氳"字,注也不同(图九、图一〇)。

板"四十三",版208页首行即"尺"行次字标注楷书小字"民",而板

之相应处则标注"武""民"二小字楷书,必有一误,或有用意。

板"五十六",版272页中路即"綱"行之第三字草书大字"繫"之旁注篆、楷小字,与板相应字明显不同,均体现在下半部结构上,如"糸"字底。

七、版粗板精者

版72页、73页,字之刻法粗劣,板在第一个"三十七"石后部,较之前刻稍精,但并不美观(图一一、图一二)。

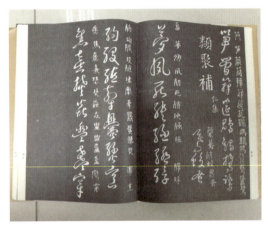

图一一

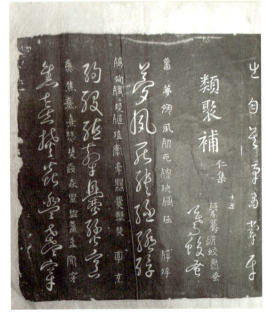

图十二

八、板粗版精者

板"五十二"前部之草书旁注篆、楷小字极不规整，无可为法。版相应250页、251页可对照（图一三、图一四）。

九、版、板皆误者

板"七"、版33页首"兒"字行末均中楷注"儿部补八字"，但实应为"补七字"之误，即"兒""兕""光""充""兔""兆""免"（图一五、图一六）。

板"四十七"，版228页之二行即"皆"字行与相应板之倒五行倒二字大字草书旁均空注，按理应注"璃"字，均缺注。

板"五十三"，版257页首行即"狗"字行第五草书大字，版、板均未加

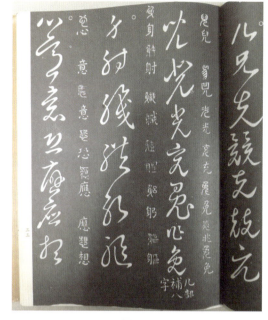

图一五

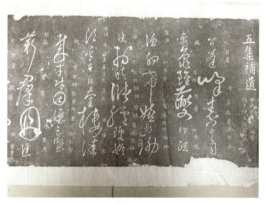

图一三

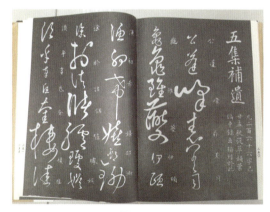

图一四

图一六

注，实应为"成"字，此漏写。

板"五十四"，版263页倒二行即"褉"字行之第三字草书大字"咎"字旁版、板均缺注小字篆书。

板"五十六"，版271页末行即"覘"字行第三字草书大字"觅"之篆书小字，版、板均写作接近"视"之篆书了，应该为𧠂。

十、板改版误者

板"四十九",版236页大字"變化"下双行小字"智因以長此類是也"之"類"板作"類("犬"改"女"字)"字,而且明显有"類"字左旁底"犬"字再加一"丿"为"女"字的嫌疑(图一七、图一八)。

板"五十四"页第三行即"舊"字行,其下第四字"穀"字楷书小字板比版

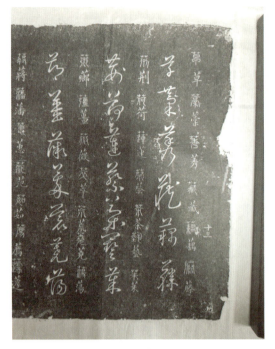

图一九

图一七

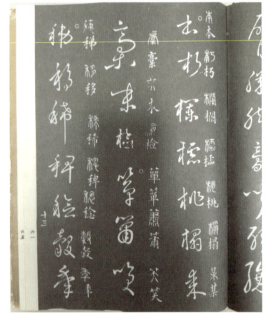

图二〇

多一横。板确版误。

板"五十五",268页末行倒二草书大字"琢"字之篆、楷小字版错为"璞",板则既保留了错字楷、篆小字,又于其旁添刻了"琢"之篆、楷小字。

板"五十六",版269页末行即

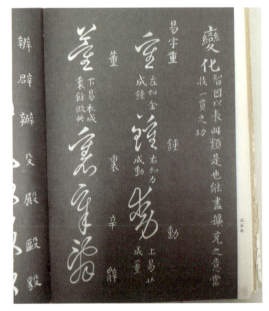

图一八

"湟"行之倒三大字草书"溜"之篆、楷小字误作"漓"字，板则既保留了原错字，又并列添刻了"溜"之篆、楷小字。

十一、版、板改笔字

版61页"梯"字行倒三字"稔"字草书左近标号"十三"，而板"十三"则在"十三"石首行"藕"字篆书旁刻，明显属下一篇（图一九、图二〇）。而版之其他地方则不出现编号了。

板"五十二"第五行（版在251页第二行）即"徐"字行第四字"储"之篆书小字有明显改刻痕迹，构字亦不合比例。

板"五十四"，版261页次行三字"触"之篆书字，板上该字明显上下错位刻重叠了。

板"五十五"，版266页二行首字草书大字"嫂"之楷书小字注为"妓"，不确！板未错，但似改字。版268页首行第三字"憨"之楷书小字，版清晰可辨，板则于"斤"字有改笔。

此石位于"五十六"石之后、后，前部右下边刻"五十七、五十九"（"七"字有改刀），首"长白松椿　助银叁拾两"，末"托克托莫忒常裕　助银叁拾两"，此板版亦无有。石亦不够长度。右下标号"五十七"之"七"系改镌"二""七"重合。

此石位于上一石之后，边刻"五十八、六十"，首"长白奭良　助银叁拾两"，末"贵筑黄彭年　助银叁拾两"。版275页倒二行"梅山"行及之前274页、273页全同。"梅山"后275页之末行一人（宝坻王汝彤），276页之六人板皆无，但新添刻25人，版亦无。板标号"五十八"之"八"系改镌，实为"八""三"上下重合结构。

十二、版、板美赏

版180页至186页，章法、字法皆

图二一

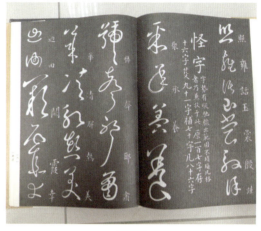

图二二

精，大字草书辉煌大气，小字楷书端庄秀丽，堪称佳绝。板在第二个"三十七"石后部，及三十八石相同（图二一、图二二）。

版250页至252页，字体大小收放自如，楷书小字标注清晰，笔笔见精。板"五十二"石前部虽然重复此刻，但由于补加了篆书小字，反而扰乱了整篇的布局。

此石位于"五十六"后，石前右下边刻"五十七複頁"，倒6行前右下方刻"五十八複頁"。首"縱"之楷、草，末"及"之楷、草。此板，于版皆无有。此板选字、刻工、小楷堪称佳绝，为全套石刻最美、精、绝者，似乎是在展示一下（图二三、图二四）。

图二三

图二四

十三、总结

总之，版、板规格相似，版、板大致同版，版、板各有精粗，版、板各有优劣，版在前板在后，版未必优于板，板偶尔优于版，总的讲硬件内容板多于版，板有翻刻版的嫌疑，但也有补充版的功劳。

通过对两种版本的校勘比对，的确发现了一些情况，很难说两个本子孰高孰低，难分伯仲，各有所长，各有所短。故将所对比的情况列之于下，供大家参考。有几种可能：

1. 版、板为同一版本来源者。

2. 版为翻刻本，板为再翻刻本，但不一定是版的再翻刻。

3. 板为版的修改本。

4. 虽然我们没能见到"版"的帖石实物，但可以肯定的是，版、板肯定不是同一套刻石实物。

5. 版是否为李云麟原刻石也值得怀疑。

为何如此说呢？有以下几个原因：

1. 从两个版本的章法排序上看，基本上是一致的，但还是多少有一些不同的，比如互有增减，字的笔画结构等。

2. 由版之李序可知，版为翻刻本；作为再翻刻本的板本，自然看出了许多来源于版的痕迹。

3. 板的刻石实物虽然有些零乱，但毕竟还是有绪可循的；安知版之实物就不零乱否！

4. 虽然版上的某些内容，板上缺刻，可能系实物佚失；但板上却实实在在地补充了一些版所没有的内容，甚至还有些是改正版所不对的地方。

5. 板上有些篇章，不论从章法上，还是从字法、结构、刀法上，都有明显的不同，这些是板优于版之处。

（作者单位：北京石刻艺术博物馆）

通州区前北营村汉代墓葬群考古发掘工作简况

北京市文物研究所

前北营汉代墓葬群位于通州区潞城镇前北营村。发掘区北邻兆善大街，南邻运河东大街，西邻宋梁路，西北约1.7公里处即为路县故城城址，东侧有运潮减河由西北向东南流过。西侧相邻的胡各庄村、北侧相邻的后北营村、南侧相邻的庙上村均有相似发现。自2018年11月起，北京市文物研究所开始对该区域进行考古勘探，并对截至2019年底发现的遗迹进行了考古发掘，遗迹主要以两汉时期墓葬及窑址为主。其中，西汉墓葬63座，东汉墓葬59座，东汉砖窑6座。

一、地层堆积

发掘区域地层堆积基本一致，以T3405为例可分七层，情况如下：

①层：垫土层，布满全方，厚0.4—0.6米，深0.4—0.6米，含现代建筑垃圾等。

②层：深0.7—0.95米，厚0.2—0.4米，布满全方，黄褐色土，较疏松，含陶片、瓷片等。

③层：深1—1.5米，厚0.25—0.5米，布满全方，黄褐色土，较疏松。含陶片、瓷片。

④层：深1.45—1.7米，厚0.15—0.5米，分布全方，灰褐色土，较疏松，含烧土粒、炭粒、陶片、瓷片等。

⑤层：深1.8—2.5米，厚0.25—0.65米，布满全方，浅红褐色土，较疏松，含烧土粒、炭粒、陶片、瓷片等。

⑥层：深2.25—2.75米，厚0.25—0.7米，布满全方，浅灰褐色土，较硬。含炭粒、烧土粒、泥质灰陶片、绳纹砖块等。

⑦层：深2.2—3.2米，厚0.1—0.45米，分布于探方南部与西部，灰黄褐色土，较硬，含陶粒、炭粒，陶片较少。

⑦层下为黄褐色沙土，纯净、无包含物，为生土。

二、墓葬

目前完成考古发掘的墓葬地层关系清晰、形制典型、时代较明确。西汉墓葬均开口于⑦层下，打破生土。形制多为竖穴土圹木椁墓，葬具以棺、椁为主，异穴合葬现象较为常见。葬式多为仰身直肢。随葬器物以陶鼎、陶罐、陶壶、陶盒、铜钱为主，可见器物组合有鼎、罐、壶、盒或组合中不见鼎，等级更低墓葬仅见罐或铜钱。墓主身份以平民为主，但根据随葬器物及葬具不同仍可认为有等级差异。

以M4、M81、M94为例。

M4（图一），位于发掘区南部。开口于⑦层下，打破生土，墓葬开口距地表2.5米，墓底距地表深3.8米。墓向12°。长方形竖穴土圹双室合葬墓，由并列东、西两个墓室组成，东室打破西室。墓葬开口平面呈长方形，斜壁略内收，平底。墓葬开口全长3.9—4.06米、宽3.9米，墓底

图一　M4（南一北）

图三　M4东室出土陶罐

图二　M4东室出土陶鼎

长3.74—3.8米、宽3.7米、深1.3米。墓
内填黄褐色花土，土质较疏松，含沙粒等
物。

东室内置一椁一棺。椁木已朽，仅留
朽痕及少量底板，平面近长方形，长3.66
米、宽0.96—1.2米、残高0.6米，朽痕厚
约0.06米。棺木已朽，残存朽痕，平面呈
长方形，长2米、宽0.6米、残高0.54米，
朽痕厚约0.04米。西室内置一椁一棺。椁
木已朽，仅留朽痕及少量底板，平面近长
方形，长3.04米、宽0.96—1.16米、残高
0.54米，朽痕厚约0.06米。棺木已朽，残
存朽痕及少量盖板、侧板，平面呈长方
形，长1.86米、宽0.64米、残高0.5米，
朽痕厚约0.04米。

东、西室棺内人骨各一具，均头向
北，面向上，仰身直肢。

随葬品均出土于椁室内、棺北侧。组
合为陶鼎（图二）、陶罐（图三）、陶壶
（图四）、陶盒（图五）。

M81（图六），位于发掘区东北部。
开口于⑦层下，打破生土，墓葬开口距

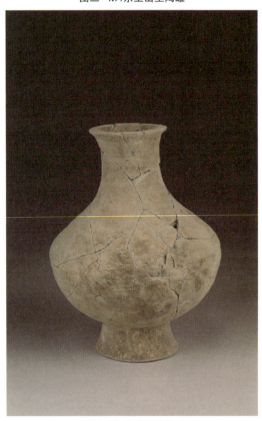

图四　M4东室出土陶壶

图五　M4东室出土陶盒

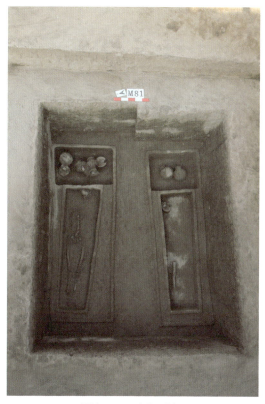

图六 M81（西—东）

地表深3.4米，墓底距地表深4.5米。墓向81°。长方形竖穴土坑双室墓，由并列南、北两个墓室组成，南室打破北室，直壁，平底。墓葬开口全长3.06—2.96米、宽2.56米、深1.1米。北室底略高于南室，高差约0.04米。墓内填黄褐色无花土，土质疏松，含沙粒等物。

南室内置一棺一椁，已朽，仅留朽痕。椁痕平面近长方形，长2.64米、宽0.9米，朽痕厚约0.04米。棺痕平面呈长方形，长1.84米、宽0.52米、残高0.2米，朽痕厚约0.04米。北室内置一棺一椁。已朽，仅留痕迹。椁痕平面呈近长方形，长2.64米、宽0.9米，朽痕厚0.04米。棺平面呈长方形，长1.84米、宽0.6—0.48米、残高0.16米，朽痕厚约0.04米。

棺内人骨腐朽严重，面向、葬式不详。

随葬品均出土于椁室内、棺东侧。北室组合为陶鼎、陶壶、陶盒（图七）。南室不见组合，仅有陶罐（图八）。

M94，位于发掘区中南部。开口于⑦层下，墓葬开口距地表深3.2米，墓底距地表深4.3米，墓向27°。长方形竖穴土坑双室墓，东室打破西室。斜壁略内收，平底。墓圹开口长3.9—4.06米、宽3.9米，墓底长3.74—3.8米、宽3.7米、深1.3米，墓内填黄褐色花土，土质疏松，较纯净。

东室内置一椁一棺，已朽，被西室打破。椁平面呈长方形，长3.66米、宽0.96—1.2米，朽痕厚约0.06米，残高0.6米。棺平面呈梯形，北部残留部分棺板，长2米、宽0.6米，朽痕厚约0.04米，残高0.54米（照片九）。西室置一椁一棺，已朽，打破东室。椁平面呈长方形，长3.04米、宽0.96—1.16米，朽痕厚约0.06米，残高0.54米。棺平面呈梯形，长1.86米、宽0.64米，朽痕厚约0.04米，残高0.5米（图一〇）。

东、西室棺内人骨各一具，均头向北，面向上，仰身直肢。

图七 M81北室出土器物

图八 M81南室出土器物

图九 M94东室（南—北）

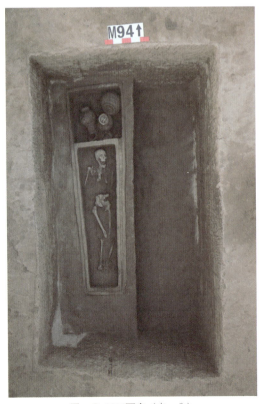

图一〇 M94西室（南—北）

图一一 M94西室出土陶罐

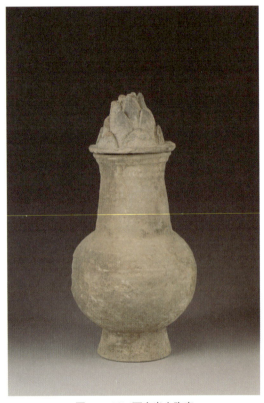

图一二 M94西室出土陶壶

随葬品均出土于椁室内、棺北侧。西室组合为陶罐（图一一）、陶壶（图一二）、陶盒（图一三）。东室不见组合，仅有陶罐（图一四）。

东汉墓葬均开口于⑥层下，打破⑦层，均为竖穴土圹砖室墓。发现的东汉墓葬墓室结构破坏较为严重，随葬品多散乱出土于墓葬填土中。可辨墓葬形制有斜坡墓道"甲"字形单室墓、斜坡墓道"刀"形单室墓、斜坡墓道前后室墓、斜坡墓道前室加双后室墓及砖椁墓。随葬器物以陶

图一三　M94西室出土陶盒

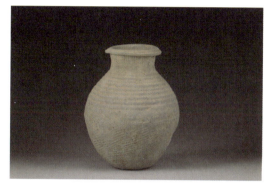

图一四　M94东室出土陶罐

图一五　M2（西—东）

罐、陶壶、陶盒、陶狗、陶鸡、陶猪、陶仓、陶井、陶灶、陶灯座、陶案、陶耳杯、铜钱为主。由于墓葬破坏严重，出土随葬品多已残损，因此墓葬年代判断相对困难，但从个别出土器物判断，部分墓葬时代已不早于东汉晚期。

以M2、M48为例。

M2（图一五），位于发掘区北部。开口于⑥层下，打破⑦层及生土。墓葬开口距地表深3米，墓底距地表深4.4米。方向92°。"甲"形竖穴土圹砖室墓，由墓道、甬道、前室、后室四部分组成。

墓道：平面近长方形，斜坡底。开口长4.9米、宽0.8—1米、深0—1.4米。

甬道：平面近长方形，南北长1.4米、东西宽0.94米，墙砖仅存一层，以平砖顺砌。底部用砖两层，下层以残砖铺底，上层用38×38×6厘米的花纹方砖平铺（图一六）。

前室：平面近长方形，南北长3.54米、东西宽2.52米，墙砖砌法同甬道。底部残砖铺底，北部铺砖高于南侧，铺底砖以上平铺三层，南部铺底砖以上用花纹方砖平铺，与甬道相连。南北以花纹方砖设踏步相连。

后室：平面近长方形，东西长4米、南北宽1.78米，墙砖仅剩一层，以平砖顺砌。底部残砖铺底，南部上层用花纹方砖平铺，与前室相连。

墓葬破坏严重，未见葬具、人骨及随葬品。

M48（图一七），位于发掘区中东部。开口于⑥层下，打破⑦层及生土，墓葬开口距地表深3米，墓底距地表深4.5米。方向190°。"刀"形竖穴土圹砖室墓，由墓道、甬道、墓室三部分组成。

墓道：平面呈近长方形，斜坡底。开口长3.2米、宽0.82—0.96米、深0—1.5米，底坡长3.35米，坡度26°。

甬道：平面呈近长方形，东西长0.98米、南北宽0.8米，残高1.22米，封门位于甬道中部偏南，以一丁一横叠砌。

图一六　M2铺地方砖（南一北）

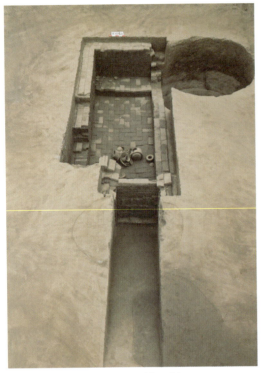

图一七　M48（南一北）

墓室：平面呈长方形，墓室内部长4.52米、宽1.95米，土圹长5.3米、宽2.5米，墙残高1.1米。墓壁以一顺一丁叠砌。墓底北部以"人"字形平铺，个别区域以两横一纵交替平铺。

墓室北侧设器物台，长1.95米、宽0.7米、高0.22米。一顺一丁砌台，台面用青砖以两横两纵交替平砌。

墓葬破坏严重，未见葬具及人骨。

随葬品以陶器为主，陶耳杯、陶案、陶俑等出土于器物台上（图一八），陶罐、陶仓、陶盘、陶甑、陶灶、陶灯、陶衮、陶井等出土于墓室南侧靠近封门处（图一九）。

三、窑址

同期发现汉代砖窑遗址6座，均为倒焰式马蹄形窑，北京地区较为常见。窑址中发现用砖规格与砖室墓葬用砖接近，判断发现窑址应为墓葬修筑提供建筑材料。

以Y1、Y2为例。

Y1（图二〇），位于发掘区东南部。开口于⑥层下，打破⑦层及生土。开口距地表2.3米，窑底距地表3.2米。方向95°。窑址破坏严重，仅存下部，总体平面近"∞"形，窑室呈马蹄形，工作间近椭圆形。全长8.04米、宽2.78—2.86米，由操作间、火门、窑室、烟道四部分组成。

操作间：破坏严重。位于窑址东部，斜壁内收，东部呈缓坡状自东向西渐深。开口东西长8.44米、南北宽2.86米，自深0.6米。内填花土，土质疏松，内含红烧

图一八　M48器物台及出土器物

图一九　M48出土器物

图二〇 Y1（东—西）

土颗粒、草木灰等。

火门：破坏严重。连接工作间、火膛，上部坍塌，残存截面呈半圆形。残留最宽处0.72米，进深0.14米，残高0.48米，底部高于操作间，高差0.14米。内填花土，土质疏松，内含红烧土颗粒及木炭灰。

窑室：平面呈马蹄形，位于窑址西部，与火门相连。顶部已坍塌，残存底部，残深0.9米，内填黄褐色杂土。由火膛、窑床组成。

火膛：连接火门、窑床。平面呈半圆形，火门两侧自下而上弧壁渐收，至窑床两侧近直，平底。开口南北宽2.74米、东西长1.4米，残深0.9米。火膛周壁已烧至青灰色，烧结面厚0.1米，红烧土厚0.14米。

窑床：与火膛相连，平面呈长方形。东西长2.26米、南北宽2.78米，残高0.5米。窑床以上窑壁已烧至青灰色，烧结面厚0.08米，红烧土厚0.1米，残高0.4米。

烟道：位于窑室西侧，分为南北两个，下部与窑室相通，大小、形制相同，平面均呈方形。北侧烟道边长0.34米，南侧烟道边长0.32米，烟道周壁烧结面厚约0.02米，红烧土厚约0.1米。

窑内填土中出土少量砖块，均为泥质青砖。

Y2（图二一），位于发掘区的南部，西临Y5。开口于⑥层下，打破Y5，打破⑦层生土，开口距地表深2.3米，窑底距地表深3.2米。方向200°。窑址破坏严重，仅存下部，总体平面呈"∞"形，操作间及火门被晚期坑打破，仅存窑室及烟道。

窑室：平面呈马蹄形，长3.8米、宽2.9米，内填黄褐色杂土。由火膛、窑床组成。

火膛：平面呈半圆形，火门及西侧破坏严重，自下而上弧壁渐收，平底。南北长1米、东西宽2.6米，深约0.9米。火膛周壁已烧至青灰色，烧结面厚约0.08米，红烧土厚约0.1米。

图二一 Y2（南—北）

窑床：位于窑址北部，与火膛相连，平面呈长方形。南北长2.4米、东西宽2.8米，残高0.6米。窑床以上窑壁已烧至青灰色，烧结面厚0.08米，红烧土厚0.1米，残高0.1—0.7米。

烟道：窑室外侧北距窑壁约0.3米处自西向东等距分布烟道3个，下部与窑室相通，大小、形制相同。平面呈长方形，东侧烟道长0.4米，中间烟道长0.4米，西侧烟道长0.34米，烟道周壁烧结面厚约0.06米，红烧土厚约0.1米。

窑内填土中出土少量砖块，均为泥质青砖。

四、总结

该处墓葬群主体时代与西北侧路县故城遗址相近，直线距离仅1.7公里。从现有考古发掘情况可见，西汉墓葬除合葬墓外，不见相互打破。东汉墓葬间不见相互打破。但可见东汉砖室墓打破西汉墓葬。同时期墓葬在不同区域可见明显的墓位排列规律，存在家族墓地的可能性较大。同时西汉与东汉地层中罕见如灰坑等其他遗迹出现。因此，各种迹象表明该区域在西汉及东汉时期的土地性质，是一处具有统一规划或管理的单纯墓地，并且西汉与东汉时期的墓地主人应发生过改变。随着考古工作的进行，上述认识与推测有待进一步证实。

执笔：魏然　刘乃涛

延庆南寨坡城堡遗址考古工作简述

北京市文物研究所

一、概述

南寨坡遗址位于延庆城区南侧，西北邻簸箕营村，东北邻东桑园村，西南邻新宝庄村。遗址所在位置地势高耸，北望延庆城区，西临古代八达岭—延庆大道（今为妫川路），居高临下，易守难攻。

为了解南寨坡遗址文化内涵，为日后保护修缮工作提供基础支撑，2019年5月8日至9月22日，北京市文物研究所对南寨坡遗址进行考古勘探和发掘工作，发掘面积2000平方米。经过发掘，明确了城址的布局、结构、营造方法、发展演变轨迹等问题。

南寨坡遗址地层堆积简单，遗迹均开口于①层下，①层下即为生土。遗址内涵包括城墙、城门、城内道路、4组房址、1座窖藏。

二、城址

南寨坡城址选址在山体顶部，系在修整后的自然山体上直接用黄土夯筑城墙，并未开挖基槽。平面呈近椭圆形，东西长68.7米，南北宽66.2米，周长约195米，面积4547余平方米。城址由城墙、城门组成。

城墙 黄土夯筑，采用平夯夯筑，质量较好，夯层清晰，夯层厚约10—12厘米。内外立面曾包砌毛石，大部分遭人为拆毁无存。墙体上窄下宽，剖面呈梯形，壁面每米收分约0.25米。底部厚2.7—6.7米，顶部厚约1.7米，残高约3—6.8米。

城门 辟于东城墙，方向82°，依据材质不同，分内门洞和外门洞两部分。外门洞进深3.6米，门洞壁下侧用青石平砌两层，上部用城砖纵横平砌。青砖规格为38厘米×18厘米×8厘米。门洞壁砖与城墙夯土之间用黄土夹杂石块填实。门洞壁残高0.74—1.64米，墙厚约1米。内门洞进深2.8米，门洞壁用青石平砌，青石与城墙夯土之间用夯土夹石块填实。残高约1.82—2.26米，墙厚约1米。城门顶部坍塌，形制未知。门道平面呈"L"形，东向城外延伸，城内呈直角转角转折向南进城。门洞内门道部分呈台阶状，皆用青石片平铺，南北宽4米，东西长6.4米。整体保存较好。门洞外侧设门限石，门限石以青石立砌，高出门洞道路约0.1米，进城方向呈坡状向上，设7级青石台阶。

三、寺庙

城堡内共揭露房址4组，编号为F1—F4，开口于①层下，用青砖、石块建造于自然山体岩石之上，建筑破坏严重，上部结构已破坏无存，残存墙基及地面结构，根据出土壁画、佛像残块判断，建筑性质属于寺庙类建筑。

F1 即佛殿，位于东门内，东距城门约8米。现为一进院落，坐北面南，方向176°（以门洞中轴线为基准），南北总长约18.5米，东西残宽12.3米。由山门（南）、正殿、东西配殿、东西耳房组成。

正殿位于院内北部，坐北面南，平面呈长方形，地面下用土夹碎石夯实，四壁墙砖及部分铺地砖尚存，正殿面阔三间，殿内东西长7.4米、南北宽3.6米（南以柱础石北边为界），残高0.2—2米，西壁厚约0.55米，东壁厚约0.44米，北壁为双层墙，总厚1.1米。墙壁用青砖砌筑，地面用方砖平铺。

殿内西、北、东三壁下方设长方形神台，采用草拌泥夹石块垒砌，草拌泥表面涂刷白石灰墙面。西侧神台南北长3.6米、东西宽0.5米、高1米，神台正壁残存部分莲花图案的壁画。北侧神台西高东低呈坡状，东西长7.4米、南北宽0.5米、高0.6—1米，东侧神台南北长2.7米、东西宽0.5米、残高0.2—0.5米。

F2 即生活区，位于城内东南部，东北距城门15米。现为一进院落，坐北面南，方向184°。南北总残13.1米，东西宽7.8—9.4米。由院门（东）、正房组成。院内地面未铺砖，踩踏痕迹不明显。

正房位于院内北侧，坐北面南，面阔三间，东西长7.7米、宽3.1米。正房明间为大厅，东西长2.8米、南北宽约2.2米、残高0.52米，残存铺地砖及部分墙砖。地面用平砖纵向平铺。西次间内东西长2.14米、南北宽约2.2米、残高0.88米，屋正中并列置2座灶，疑为烧炕之用，平面均呈"∞"形，灶门已不存，残存火道、灶膛2部分。东次间内东西宽1.6米、南北长约2.2米、残高0.82米，房内西部残存灶址的火道一小段，西侧紧靠正屋隔墙，东西向，平面近长方形，残长0.5米，内空宽0.2米，残深0.06米。

F3 即关帝庙，位于城内中部偏西南。现存一进院落，坐北面南，方向182°。因南部受城墙走向局限，平面形状近似梯形，南北总长约15.7—21.94米，东西宽12—14.2米。由山门（东）、正殿、东配殿、西配殿组成。

正殿位于院内北部。坐北向南，平面呈长方形，残存三面墙壁及铺地砖。殿内东西长8.7米、南北残宽约6米，残高1.9米。墙壁采用青砖砌筑，西壁厚约0.6

米，东壁厚约0.54米、北壁厚约0.56米。地面用青砖横向平铺。

殿内西、北、东三面墙壁下设长方形供台，采用草拌泥夹石块垒砌，草拌泥表面涂刷白石灰墙面。西侧神台南北长3.2米、东西宽1.24米、高出地面0.14米，北侧神台东西长2.74米、南北宽1.62米、高出地面0.84米，东侧神台南北长3.14米、东西宽1.24米、残高0.22米。

东配殿坐东向西，面阔三间，南北总长11.4米、东西宽3.94米、残高0.9米。殿内隔为3个独立的空间。

西配殿坐东向西，规模小于东配殿，殿内南北长5米、东西宽3.26米、残高0.8米。

F4 即玉皇阁，位于城内中部，方向176°，由台阶、钟鼓亭、正殿组成。

钟鼓亭原为2座，今仅存东侧1座，平面呈长方形，南北长2.62米、东西宽2.4米、残高0.2—0.3米。采用石块或青砖包砌，内部采用黄褐土夹杂石混筑。

台阶设置于正殿前中部，连接城内道路和正殿，东西宽1.9米，共5级。

正殿位于城内制高点。平面呈长方形，方向186°，残存下部墙基及部分铺地砖，地面用黄土夹石块夯实，墙体用石块垒砌，地面用青砖纵横平铺。殿内南北长约12.1米、东西宽2.82米、墙基残高0.1—0.3米。殿内正中设神台。平面呈长方形，黄土夹石块垒砌。东西长1.9米、南北宽1.38米。神台后尚有一个独立的空间，推测为楼梯间，即原建筑为二层楼式建筑。

城内道路 大致呈西北—东南走向，起于F1南山门外，经F2、F4，止于F3东山门外，连接城内3座庙院。路面采用不规则的青石片平铺，宽约1.4米。

四、遗物

本次发掘，在4组房址内出土较多陶、瓷、石等不同材质的遗物，包括建筑构件、生活用品和佛像、壁画残块3类。建筑构件多为图案各异的瓦当、滴水，以及板瓦、正脊花纹砖、脊兽等。生活用品多为碗、盘等器型，其中1件碗内底写有"朝阳寺"3字。佛像均为泥像残块，表面施彩；壁画残块可见红、绿、蓝色彩，以及沥粉贴金装饰。所出遗物均具明清时期的文化特征。

五、结语

南寨坡遗址发展演变轨迹清晰。明代时，特别是明代中期（正德、嘉靖）以后，面对日益严峻的边防形势和愈演愈烈的蒙虏之祸，筑墙建堡、划地守御成为主要防御模式。依据《宣大山西三镇图说》记载，延（隆）庆州（卫）城属明长城宣府镇怀隆道辖东路所属军事堡寨。延庆州（卫）城，东接永宁，西至怀来，南达岔道城（八达岭）。战略地位非常重要。"城坐平坦，北面阻山，南面临河，颇称形胜。"[①]城池选址在妫河河川，地势平坦，无险可据。因此城南八达岭—延庆大道（今八达岭路）东侧仅有的孤山的军事价值凸显。

明廷在延（隆）庆州（卫）城南、八达岭—延（隆）庆大道西侧的制高点肇建南寨坡城堡，作为明长城宣府镇怀隆道辖东路所属军事堡寨，与延庆卫城互为犄角，声势联络，避免"孤悬塞外"。这种在大（主）城周围山岗制高点修建小城的防御体系模式与《武经总要》里要求"其山城，则又择前后左右取去大城近处，随山形，别筑一城。令与大城相接，必尽据

高地，外亦开垦，两城之中，或设烽台，以为远候，贼至，即以兵专守，免先为贼所据，下窥城中虚实"[②]一致。同时，此类防御布局也是现今明长城沿线常见遗存。如：明蓟镇长城之界岭口、刘家口、冷口、董家口、游乡口、白羊峪等。

清季以来，随着边疆危机的解除和民族矛盾的和解，昔日边地社会逐渐稳定，城堡军事功能下降，明代沿边地区部分城堡陆续裁撤，南寨坡亦逐渐失去往日的军事功能。但由于其位置高耸，视野极佳，故成为建寺修庙的最佳选择，时人以堡寨城墙为庙院，在堡内依山就势修建庙宇——朝阳寺，形成了佛殿、关帝庙、玉皇阁等寺庙及僧侣生活区4组建筑群。由周围的新宝庄、簸箕营、东桑园3座村庄供养。

据当地长者回忆，抗日战争期间，因寺庙住持与簸箕营村的2名村妇有染，庙宇建筑遭村民焚毁，这从发掘过程中出土红烧土和大量木炭得到印证，随后残存的砖石材料陆续被村民拆除而彻底荒废。

---

① 薄音湖点校：《明代蒙古汉籍史料汇编》第十二辑《九边图论·九边图说·宣大山西三镇图说》，内蒙古大学出版社，2015年，第97页。

② 中国兵书集成编委会：《中国兵书集成》第3册《武经总要前集》卷十二《守城》，解放军出版社、辽沈书社，1992年，第527页。

执笔：尚珩　刘乃涛

北京大兴国际机场2019年度考古工作简述

北京市文物研究所

北京大兴国际机场地下文物保护工作，在北京市文物局及北京市文物研究所的领导支持下，平稳顺利推进，2019年度考古工作取得重要收获（图一）。

2019年度北京大兴国际机场考古勘探项目13项，勘探面积共计2774328平方米。勘探项目包括大兴区大礼路（新机场高速Y线—新航城东区纵一路）道路工程、大兴区大礼路（大广高速—新机场高速Y线、新航城东区纵一路—京台高速）道路工程、大兴区青礼路旧线（场北联络线—大礼路）道路工程、北京大兴国际机场口岸非现场设施—海关业务保障设施项目、北京大兴国际机场噪声区安置房及配套设施项目（榆垡组团A区）、北京大兴国际机场噪声区安置房及配套设施项目（榆垡组团B区）、北京大兴国际机场噪声区安置房及配套设施项目（礼贤组团A区）、北京大兴国际机场噪声区安置房及配套设施项目（礼贤组团B区）、北京大兴国际机场噪声区安置房及配套设施项目（礼贤组团C区）、北京新机场东航基地项目（生活服务设施区工程）、北京新机场东航基地项目F-06-02地块、北京新机场东航基地项目F-02-02 地块、北京新机场东航基地项目F-04-02 地块，勘探范围

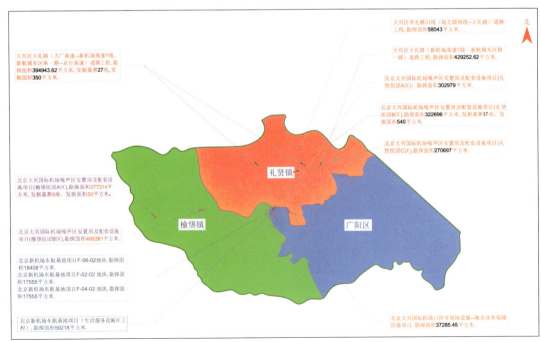

图一 北京大兴国际机场2019年度考古项目分布示意图

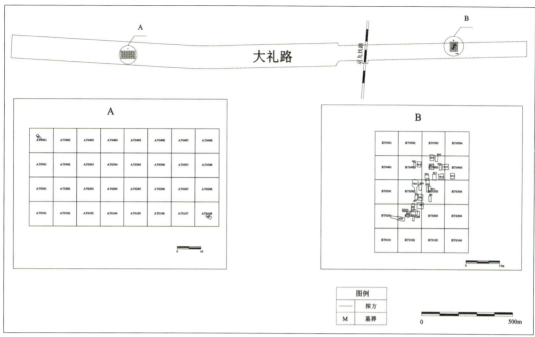

图二 大礼路道路工程考古发掘平面图

内发现古墓葬74座。

2019年度完成北京大兴国际机场考古发掘项目3项，即大兴区大礼路（大广高速—新机场高速Y线、新航城东区纵一路—京台高速）道路工程、北京大兴国际机场噪声区安置房及配套设施项目（榆垡组团A区）、北京大兴国际机场噪声区安置房及配套设施项目（礼贤组团B区），清理古墓葬74座，发掘面积940平方米，出土陶、瓷、银、铜等各类文物300余件。

大兴区大礼路（大广高速—新机场高速Y线、新航城东区纵一路—京台高速）道路工程考古发掘区位于大兴区礼贤镇苑南村以南及大辛庄以北区域。2019年7月13日—8月12日，发掘元代墓葬5座、清代墓葬22座，发掘面积350平方米（图二、图三）。元代墓葬均为砖室墓，其中带墓道墓葬4座，平面呈"甲"字形，由墓道、墓门、墓室三部分组成，梯形斜坡状墓道，拱券式墓门，长方形或圆方形墓室。墓葬葬具已朽，骨架保存较差，葬式为仰身直肢葬或不明。墓中随葬器物有釉陶罐（图四）、瓷罐（图五、图六）、瓷瓶（图七、图八）、铜镜（图九、图

一○）、铜钗、铜扁方、铜钱等。墓葬形制与北京昌平兴寿镇、京平高速工程墓葬相近；所出瓷瓶与京平高速工程器形基本相近，铜镜与耶律铸夫妇合葬墓器形一

图三 大礼路道路工程发掘现场

图四 釉陶罐

图五　瓷罐

图六　瓷罐

图八　瓷瓶

图九　铜镜

图七　瓷瓶

图一〇　铜镜

致，初步判断该批墓葬年代为元代早中期。以M23为例，M23位于发掘区南部，开口于⑤层下，南北向，方向187°。墓平

图一一 大礼路M23

面呈"甲"字形，竖穴土圹双人合葬砖室墓。墓口距地表深4.1米，墓底距地表深4.25—4.98米。墓圹南北长6.5米，东西宽0.55—2.17米，深0.15—0.88米。由墓道、墓门、墓室三部分组成（图一一）。墓道位于墓门南部，平面呈梯形，南北长3.14米，东西宽0.55米—0.82米；底部呈斜坡状，坡度14°，坡长3.6米，深0.15—0.92米；内填花土，土质较松。墓门位于墓室南部，拱券式结构，封门用青砖呈倒"人"字形砌筑；门东西宽0.84米，现高0.9米，进深0.35米；上部券顶用两层青砖拱砌，券厚0.3米。墓室位于墓门北部，平面呈弧方形，南北长2.94米，东西宽1.91—2.1米，现深0.67—0.93米；顶部拱券结构已毁，现存墓室残墙，四壁用长0.35米、宽0.15米、厚0.05米卧砖错缝向上砌筑；铺地砖保存完好，用青砖及砖块二纵二横错缝无序平铺。内葬骨架两具，未发现棺痕：东侧人骨保存稍差，头向西，面向南，仰身直肢；西侧人骨保存较差，头向北，面向西，仰身直肢。室内出土瓷罐1件、铜镜1面、铜钱12枚。清代墓葬均为竖穴土圹墓，其中单棺墓11座、双棺合葬墓8座、三棺合葬墓3座。葬具均为木棺，大部分棺木已朽，骨架保存基本完整，葬式有仰身直肢葬、仰身屈肢葬。墓中随葬器物有铜簪、铜钗、铜耳坠、铜扣、铜饰、铁器、铜钱等。以M18为例，该墓位于发掘区东北部，开口于①层下，南北向，方向0°。墓平面呈

长方形，竖穴土圹三棺合葬墓。墓圹南北长2.3米，东西宽2.5米，深0.5米，内填五花土，土质疏松。内置三棺，棺木已朽，仅存棺痕：东棺棺痕长1.94米、宽0.6米，棺内骨架保存较好，头朝北，面向西，仰身屈肢，骨架残长1.52米；中棺棺痕长2米，宽0.6—0.82米，北部略宽，棺内骨架保存较好，头朝北，面向东，仰身屈肢，骨架残长1.4米。西棺棺痕长1.96米，宽0.58—0.6米，北部略宽，棺内骨架保存较差，头朝北，面向上，仰身

图一二 大礼路M18

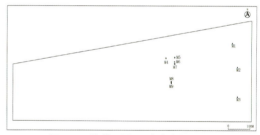

图一三 榆垡组团A区考古发掘平面图

图一四 瓷罐

图一六　瓷碗

图一七　瓷童

直肢，骨架残长1.26米。西棺内出土铁器1件（残）、铜钱3枚（图一二）。

　　北京大兴国际机场噪声区安置房及配套设施项目（榆垡组团A区）位于大兴区榆垡镇。2019年9月17日—30日，发掘清代墓葬9座，发掘面积50平方米（图一三）。9座墓均为竖穴土圹墓，其中单棺墓7座、双棺合葬墓1座、三棺合葬墓1座。葬具均为木棺，大部分棺木已朽，骨架基本有所保留，葬式为仰身直肢葬。墓葬出土器物较少，有瓷罐（图一四）、瓷碗（图一五、图一六）、瓷童（图一七）、铜扣、铜钱等。根据墓葬形制及随葬器物，推断该批墓葬为清代中晚期墓葬。以M7为例，该墓位于发掘区中部偏北，开口于①层下，近南北向，方向4°。平面近方形，竖穴土圹三棺墓。墓室南北长2.2—2.3米，东西宽2.3米，深0.46—0.5米；内填浅黄色花土，土质疏松。内置三棺，棺木已朽，其中中棺打破东棺，西棺打破中棺；西棺棺痕长1.8米，宽0.65—0.7米，残高0.2米，厚0.04米，棺内骨架保存稍差，头向北，面向上，仰身直肢，长1.5米，棺外北侧有黑釉瓷碗2件；中棺棺痕长1.9米，宽0.6—0.65米，残高0.18米，厚0.04米，棺内骨架保存稍差，头向北，面向上，仰身直肢，长为1.62米，棺内东侧大腿骨处有带朱砂青瓦1块；东棺棺痕长1.9米，宽0.6—0.72米，残高0.2米，厚0.04米，棺内骨架保存较差，头向北，面向东，侧身

图一八　榆垡组团A区M7

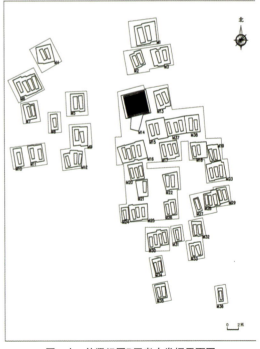

图一九　礼贤组团B区考古发掘平面图

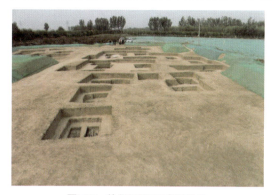

图二〇 礼贤组团B区发掘现场

图二一 陶壶

图二二 银簪

图二三 铜簪

屈肢，长为1.7米，棺外北侧出土陶罐1件（图一八）。

北京大兴国际机场噪声区安置房及配套设施项目（礼贤组团B区）考古发掘区位于大兴区礼贤镇。 2019年9月14日—10月16日，发掘清代墓葬38座，发掘面积540平方米，墓葬中砖室墓1座、竖穴土圹墓37座（图一九、图二〇）。竖穴土圹墓有单棺墓6座、双棺合葬墓21座、三棺合葬墓7座、四棺合葬墓3座。葬具均为木棺，大部分棺木已朽，骨架保留基本完整，葬式有仰身直肢葬、仰身屈肢葬。墓中随葬器物有陶壶（图二一）、银簪（图二二）、银扁方、铜簪（图二三）、铜扁方、铜耳环、铜饰、铜钱等。根据墓葬形制和随葬器物推断，该批墓葬均为清代中晚期墓葬。以M14为例，该墓开口于①层下，南北向，方向205°。平面略呈"甲"字形，南北长6.47米，东西宽1.7米—4.2米，深2.5米。由墓道和墓室两部

图二四 礼贤组团B区M14

分组成（图二四）。墓道位于墓室南侧，平面呈梯形，南北长2.4—2.88米，东西宽1.7—2.02米，深1.54—2.1米；带一级台阶，台阶长1.5米，深0.4米，内填黄褐花土，土质疏松。墓室平面呈长方形，南北长2.9米，东西宽2.8米，高1.2米。墓顶为拱券式，距墓底1.2米处起券，高0.68米。墓室前有封门砖，底部垫土厚0.24米，上部砌砖高1.86米，底部宽2.92米，上部宽1.6米，砖厚0.45米。墓室北端有一青砖砌的墙体，底部宽3.68米，中部宽3.74米，上部宽0.45米，高2.78米。墓底用青砖错缝平铺，铺地砖上有两道青砖砌的东西向支棺墙，长1.8米，宽0.45米，高0.22米。支棺墙上放置木棺两具，均已移位，棺木已朽：西棺南北长2.11米，东西宽0.54—0.7米，棺底厚0.04米，棺木上平铺一层厚0.06米的石灰，石灰上部放置骨架一具，保存较差，头骨已破，肢骨缺失，头朝北，葬式不明。东棺南北长2.23米，东西宽0.55—0.75米，棺底厚0.04米，棺木上平铺一层厚0.06米的石灰，石灰上部放置骨架一具，保存较差，头骨已破，肢骨缺失，头朝北，葬式不明。西棺头骨上方出土银簪4件，东、西棺上肢骨及骨架下方出土铜钱4枚。

北京大兴国际机场考古工作从建设之初至今，在考古工作者的不懈努力下，考古工作有序开展平稳推进，取得了重要收获。但是我们应该看到，考古工作过程中依然存在一些问题，如勘探现场地质条件复杂，文化层堆积厚，勘探难度大；建设方施工时间紧迫，有的项目要求极短时间内完成，给勘探工作提出新的要求；部分项目建设方征地、拆迁问题尚未解决好，考古工作时断时续；严寒酷暑雨雪天气等，这些因素对考古工作均造成一定程度影响。我们期待在各方面的共同努力下，不断解决考古工作中出现的各种问题，把北京大兴国际机场的考古工作继续向前推进。

① 北京市文物研究所：《北京昌平兴寿镇元代墓葬发掘简报》，《文物春秋》2012年第3期。

②③ 北京市文物研究所：《京平高速公路工程考古发掘报告》，《北京考古》第二辑，北京燕山出版社，2008年。

④ 北京市文物研究所：《北京元耶律铸夫妇合葬墓》，《1998中国重要考古发现》，文物出版社，2000年。

执笔：张智勇　刘乃涛

地区专题性文物展览的一次实践

以国家大剧院"皖乐徽声——安徽音乐戏曲文物展"为例

杨学晨

一、展览主题的确立

2019年12月20日，由国家大剧院与安徽省文化和旅游厅联合主办的"皖乐徽声——安徽音乐戏曲文物展"在国家大剧院拉开帷幕。这是安徽音乐戏曲文物专题展的首次亮相，展出了安徽省内外三十余家文博单位及戏剧院团保有的文物、文献精品、珍贵资料等近300件。展品从新石器时代到近现代，时间跨度近八千载。

安徽位于我国华东腹地，地跨江、淮中下游，全境自北向南，"首探黄河，颈枕淮河，腹压长江，足涉新安江"，四周与山东、江苏、浙江、江西、湖北、河南六省接壤，平原、丘陵、山地等多种地貌在这里集中呈现，南北方多元文化在这里过渡、交融，为安徽音乐和戏曲艺术的产生及其独特、多样和丰富性奠定了地理和文化基础。这里形成了风格独特的皖江文化、举世瞩目的徽文化，而音乐与戏曲艺术也在多元文化的作用和影响下呈现出特有的风貌。

国家大剧院曾与很多博物馆联合举办过十余个文物展，其中"中国古代音乐文物系列"是最具特色的展览品牌，如与河南博物院合作的"华夏遗韵——中原古代音乐文物特展"，与故宫博物院合作的"壶天宣豫——故宫博物院藏清宫戏曲文物特展"，与湖北省博物馆合作的"楚腔汉调——汉剧文物展"，与新疆维吾尔自治区博物馆合作的"西域回响——新疆古代舞乐文物展"，与陕西省文物局合作的"唯寄歌舞寓长安——陕西古代乐舞文物特展"等。本次与安徽省文旅厅的合作，在展览主题确认之时，策展团队面临的问题是如何与前面的展览保有一个富有差异化的角度？如何展示安徽地域文化与音乐、戏曲文化的内在逻辑？作为程朱阙里、礼仪之乡，安徽曾创造出令人叹为观止的辉煌，不仅让后世饱荫福祉，更在历史上广为流布，影响深远。此次展览的展品来自安徽省内外35家单位，结合展览大纲对于契合主题的文物与资料进行考察和遴选，冲破了国家大剧院以往系列文物展的展览结构桎梏，也打开了此类文物展的新维度。

"皖乐徽声"展览主题的确立，一则切表演艺术专题文物展之题，二则暗含"乐"和"声"两个要素，乐，指代音乐、乐舞；声则更多地指代声腔，即戏曲。展览分为两个部分，第一部分题为"乐舞江淮　百戏萌生"，分为四个单元，文物时期从新石器时代到明清；第二部分题为"诸腔并陈　百花齐放"，分为三个单元，文物及展品时期从明清到近现代。前者更加侧重音乐文物，后者则以戏曲内容展示为重点。我国上古时期至明清，表演艺术的发展一脉相承，从原始歌舞到乐舞百戏，再到"歌舞演故事"的戏曲诞生，表演艺术形式在各个历史时期演变发展的节奏各地基本相同。因此在各个版块，在保持时代暗线的逻辑基础上，着力突出安徽省音乐、戏曲文化的复合、多样的特性。

二、展览各单元的设计

第一部分第一单元"上古之音"，展出安徽省新石器时代上古文明的代表——双墩遗址、凌家滩遗址、薛家岗遗址和禹会遗址出土的文物。新石器时代，原始音乐与舞蹈伴随着文明的发展而产生，尽管与巫术礼仪结合在一起，却蕴含着某些戏曲的原始基因。例如展览中的双墩遗址陶人首（图一），高6.3厘米，宽6.5厘米，器物整体由陶土经手工捏制后烧制而成。头像眉弓突出，双目圆睁，目视前方，鼻子扁平微翘，似蒜头鼻，小嘴张开，左耳残，右耳有一穿孔。面部五官比例恰当，凹凸对比适度，体现了7000年前淮河流域先民们古朴的审美意识。该头像于左右脸颊上各有5个戳刺点连成一线的斜纹，为纹面。额头上刻画有2个同心圆纹，该类雕题象征着远古先民对太阳的崇拜。"雕题"与"纹面"是上古时期先民们流传下来的一种习俗，即用特定的方式和仪式在人的面部刺出花纹图案。刺在额头上为"雕题"，刺在面颊上为"纹面"。这件陶人首是我国迄今为止发现的时代最早的雕题纹面人头像，一方面体现

图一　双墩遗址陶人首

图二　建鼓座

了当时人们的原始信仰，另一方面，也为研究原始艺术和装扮提供了珍贵素材。

第二单元"金石乐悬"和第三单元"雅俗共赏"讲述了商周至宋元时期的表演艺术发展概况，除了耳熟能详的乐悬制度、歌舞百戏、宋元杂剧之外，安徽地区出土的众多画像石中，往往可见建鼓表演的图像，安徽还出土了一件龙虎纹青铜鼓座，也是建鼓的底座（图二），由此可见建鼓表演之风靡。由于材质所限，目前我们只能通过画像砖、绘画等图像资料看到建鼓的形象："上覆羽葆垂苏，下置盘龙底座，立柱上下贯通，中间悬置鼓腔，鼓腔饰以华图，鼓面涂以飞龙。"《隋书·音乐志》云："建鼓，夏后氏加四足，谓之足鼓。殷人柱贯之，谓之楹鼓。周人悬之，谓之悬鼓。近代相承，植而贯之，谓之建鼓……又栖翔鹭于其上，不知何代所加。"有学者研究，建鼓之所以如此形制与装饰华丽，与其通过视觉打造的象征寓意息息相关。其穿腔的立柱、上覆之羽葆垂苏（或经幡）、下承之盘龙底座皆有信仰寓意，为"社树"类器物的象征，甚至音乐之"乐"字的起源，也可能与这类"社树"有所关联。建鼓不仅形制独树一帜，且地位尊崇，其最早作为一种乐器出现在宗教礼仪、祭祀巫乐和征战中，至汉代成为社会各阶层普遍喜爱的一种艺术形式。从展览中的乐舞百戏画像石拓片、宫闱宴乐图漆案等展品上，可以看到建鼓演奏的基

本情况，有的鼓员变换着舞步，双手持桴击鼓，两个鼓员动作一致或相互呼应，表演场面热闹非凡；有的鼓员则跪坐鼓侧击鼓，虽然表演的姿态不如前者奔放，但作为乐队之首，他们起着控制节奏、指挥全局的作用。鼓在古代中国人的生活中十分常见，它既是乐器，又是礼器，还是法器；时而用于战争，时而用于报时。鼓的多面性，值得不同维度的解读。

元代是戏曲艺术形成的关键时期，也是我国古代制瓷业发展的关键时期。影青戏曲人物瓷枕，目前全国仅现五件。其中两件出土于安徽省，本次展览特选取了岳西县文物保护中心收藏的一件展出。这件瓷枕高约18厘米、长32厘米、宽15厘米。整体为一戏台形，四面皆透雕，塑殿台、厅堂、回廊和人物。瓷枕前后殿堂和两侧回廊共雕塑男女人物十八个，或端庄正坐，或恭敬肃立，或拱手作揖，或捧果献物，或相视而语，尊卑有序，姿态各异。由大殿前供放仙桃、人物的姿势形态分析，这件瓷枕反映的可能是与祝寿相关的戏曲故事，也有学者研究分析为"八仙庆寿"之场景。除人物之外，这件瓷枕对于戏台建筑的雕刻也十分精细，如殿檐下悬挂串珠如意云头纹挂饰，花窗上雕刻古钱纹饰等等，精致华丽，集建筑、瓷塑、舞台艺术于一体，表现了元代时戏曲颇为流行的社会风尚，对研究元代的戏曲发展及建筑、服饰等都有着重要的历史价值。

第三单元截止于宋元，这是中国戏曲形成的关键时期，也正在此时，吸收了变文、杂剧、南戏的表演艺术形式的池州傩戏，逐渐演变为具有戏曲情节、角色行当、舞台砌末等特征的成熟傩戏。安徽池州自古深受吴、楚巫风影响，有"无傩不成村"一说。目前，流行在池州东、南部的众多村落以及青阳县的陵阳、杜村等乡。它的活动，仅仅以家族或不同家族因地缘关系或姻亲关系而建立起的社祭祀圈为范围，反映出古老的农耕文化特色。池

州傩戏始终保持着使用面具的传统，除了完整的傩仪之外，其傩舞、傩戏十分有地域特征。池州傩戏演出为三段体，即傩仪、傩舞——正戏——傩舞、吉祥词。也就是在正戏的前后，必须有"请神"和"送神"仪式，如"迎神下架""送神上架""请阳神""朝庙"等。巫傩仪式离不开歌舞，不论娱神、逐鬼，均要用舞蹈动作冲破世俗世界与神幻世界的藩篱。傩舞是池州傩的一个重要表现形式，起源于巫舞，和傩祭与傩戏相结合，构成了完整意义上的池州傩。最广为流传的《伞舞》表演起源于先秦，取自农耕时的动作，是祈求丰收的舞蹈。情节简单却寓意深远的池州傩舞被乡民称为"搬演唐文"，很好地保存了汉唐舞蹈的剧目和风格。而在戏剧属性方面，池州傩戏的一些剧目的题材和结构与宋元南戏旧篇相同，其中《陈州放粮》与明代成化时期（1465—1487）刊本《说唱词话》16种之一的《包龙图陈州粜米记》唱词、对白完全相同，通本为叙述体。这类剧目的唱词以七字齐言体为主；也有一部分为曲牌体，例如刘街太和章村的《和番记》全系长短句，还有一部分更古老的词格，如《刘文龙》《孟姜女》，唱词全用三、三、七句式。剧本结构为一本十数出（亦作"回"）或数十出，篇首有"报台"（题目），以几句诗概括全剧故事梗概，颇似早期南戏的结构。古老的池州傩戏是中国戏曲珍贵的活态文化遗产，隐藏着深厚的文化底蕴，对文化人类学、戏剧学、宗教学等学术研究具有很高的参考价值，被国务院列入国家首批非物质文化遗产名录。这种古老的戏曲艺术形式，作为第一部分尾声独立成篇。

展览的第二部分，开始进入戏曲艺术的版块。据相关部门的统计，截至2015年8月，全国共有剧种348个，安徽以31个剧种居山西、河北之后位列第3。作为戏曲艺术大省，安徽的众多剧种都颇具特点、多姿多彩。然而，一个1200平方米的展览自然无法穷尽其万般风韵，只得在

展示内容上进行取舍。在第一单元徽郡风化版块，策划的重点立足于徽文化对戏曲艺术发展的影响。"一生痴绝处，无梦到徽州。"徽州自北宋设府建制以来，经数百年间，虽有群山环抱之隔，交通极为不畅，却创造出一个又一个让世人叹为观止的辉煌，徽商、徽雕、徽墨、徽菜、新安理学、新安医学、新安画派……共同铸就了徽州历史文化的博大精深。"徽俗最喜搭台看戏"，在徽州古戏台上演出最多的要数目连戏了。目连戏又称大戏、愿戏，因为只有村里有了大事或

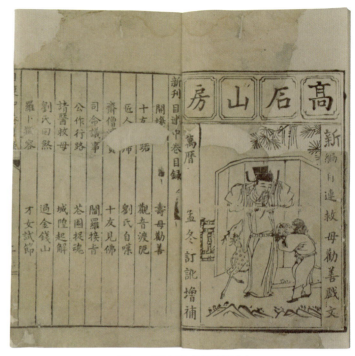

图三　新编目连救母劝善戏文

举行盛典时才会请目连戏班前来演出。目连戏演出的时间，有三天三夜、五天五夜、七天七夜等几种，耗资巨大，因而徽州流传有"一年目连三年熟"的说法，即三个丰年的积累才能供得起一次目连戏的演出费用。然而，这并不能使目连戏停止演出，徽州农村搬演目连戏的习俗，从明清一直延续到上世纪50年代。这里不得不提到一位著名的剧作家郑之珍，这位出生于明万历年间的徽州人，正是编写了100出的《新编目连救母劝善戏文》（又称《劝善记》）的作家，他吸收了变文、杂剧目连救母的基本情节，融合了民间传说和爱情故事，穿插了唱、念、武打、杂技、魔术等技艺，把天上、人间、地狱融为一体，想象丰富，情节曲折①。此后，目连戏在我国民间舞台上久演不衰，广泛流布于我国东南诸省，并对徽剧、绍剧、川剧、汉剧、婺剧、桂剧、昆曲等诸多剧种产生过重要影响。郑之珍编《新编目连救母劝善戏文》明万历十年（1582）刻本（图三）被选入展览，此外，因目连戏是一部讲述惩恶扬善，宣扬仁爱孝悌的具有

教化作用的剧目，为便于人们传颂，其剧情还被制成版画，进行了更为广泛的传播，展览中也展出了版画的木雕印版。

明清两季，徽州地区戏曲活动活跃且普遍，文人参与剧本创作，令戏曲戏文有了更高的品位；戏台林立，观演之风兴盛；徽商的雄厚资金为戏曲演出提供支持，蓄养家班屡见不鲜；随着徽州人出仕和经商的脚步，诸多外地声腔在徽地传播，徽州本地戏曲博采众长，不断吸收、融合，最终形成了"徽州腔"和"青阳腔"，统称"徽池雅调"。值得一提的是，徽州地区戏曲演出频繁、观演之风日盛，甚至徽池雅调的形成，都与徽商密不可分，这是安徽戏曲历史发展进程中尤为特殊的现象。不仅徽州古戏台上演出的各种徽戏节目，有许多是侨居外地的徽商们连同戏班一起带回老家的，徽商对于自己蓄养的戏班也在不断进行改造和完善，例如汤显祖的《牡丹亭还魂记》刚刚问世不久，徽商吴越石就把它搬上了舞台。有文献记载其并非对剧情进行简单的照搬，而是按照戏曲的规则加入了很多新内容②。

正是有这样热衷于戏曲的徽商，不断促进徽戏的发展进步和徽班的规模化。乾隆五十五年（1790）"三庆""春台""四喜""和春"四大戏班相继进京祝寿演出，在京城引起轰动，并最终推动了国粹"京剧"的诞生和发展。"徽班进京"这一历史事件，是我国戏曲发展史上浓墨重彩的一笔，然而现存资料甚少，在展览中的篇幅亦受制于此，不失为一个遗憾。

第二、三单元，分别选取了"悲欢交响"凤阳花鼓和"山野来风"黄梅戏作为重点阐述对象。这是因为一则它们并非诞生于徽州，与"徽池雅调"诸腔风格迥异；二则它们特征鲜明，深受人们喜爱，流布广泛，影响尤为深远。凤阳花鼓起源于明代，是流行于安徽凤阳及沿淮地区的民间歌舞。它内容生动活泼，形式灵活多样，地域风格浓郁，流传区域广泛。凤阳花鼓是底层人民谱就的一首悲欢交响曲，与明清时期凤阳地区自然灾害频仍、百姓生活贫苦、被迫逃亡的经历有着密切的关系。凤阳花鼓对传统戏曲发展影响深远，它的基本结构和表演方式直接融入皖南花鼓戏、淮北花鼓戏、黄梅戏等艺术形式中，"打花鼓"的题材更是被多种声腔剧种吸收融合为剧目。特别值得一提的是，尽管花鼓来源于社会底层人们的乞讨卖唱，但是由于其载歌载舞、风趣幽默，充满乐观主义情怀，被人们广泛喜爱，不仅在清代宫廷艺术中出现了"打花鼓"的身影，艺人打花鼓的形象还被画成画。展览中展示了明末清初顾见龙《花鼓图》（图四）、清代徐扬《盛世滋生图》（图五）中打花鼓场面的图像资料。展览中展出景德镇中国陶瓷博物馆藏清康熙年间《红梅记》青花瓷碗和绘制在楠木画板上的花鼓图以及制作为年画的花鼓图等等，为凤阳花鼓的展示增添了内容。黄梅戏，旧称黄梅调或采茶戏，原是由湖北黄梅一带流传的采茶山歌、小调与安庆地区的方言、文化结合而形成的民间小戏。清道光、咸丰年间，黄梅戏吸收了徽调的唱腔及凤阳

图四　顾见龙《花鼓图》

花鼓等舞台表演形式，逐步发展成为既贴近百姓生活，又不乏浪漫主义情怀的戏曲种类。黄梅戏唱腔淳朴流畅，以明快抒情见长，具有丰富的表现力；表演质朴细致，以真实活泼著称，深受人们的喜爱，黄梅戏逐渐从草台走向戏院，从乡村走向城镇，从安徽走向全国，特别是在新中国成立后，在国家和政府的支持下，黄梅戏发展迅速，不仅名家辈出，更是作为安徽省的代表剧种，位列中国五大戏曲剧种之一。黄梅戏是观众最为熟悉的安徽地方戏，除了介绍其沿革外，展览还围绕受众性和亮点进行展品遴选，如最为广大观众

熟悉的黄梅戏《打猪草》《天仙配》《女驸马》戏服、唱片等相关资料展示，特别是播放了《天仙配》的动画片，为展厅增加了轻松活泼的艺术元素；以著名黄梅戏表演艺术家为另一个展示重点，如严凤英饰演《女驸马》时穿的蟒袍玉带，严凤英的点翠头面，严凤英获"金唱片奖"唱片；王少舫获奖的奖牌、剧照等等，带领观众重温黄梅戏名家的风采。

综上，策展团队对第二部分进行了有机取舍，主要选取目连戏、与国粹京剧的诞生有关联的徽班（综合徽商、徽州戏台、徽派建筑及雕刻等）以及深受大家喜爱和熟悉的凤阳花鼓、黄梅戏作为本部分阐述的重点。在展览尾声部分，历数了流行于安徽的31个剧种，以呼应诸腔并陈、百花齐放。作为一个音乐、戏曲文物展，并且在国家大剧院展出，展览中自然不能缺少相关音视频的播放。特别是第二部分，徽剧、"徽班进京"专题片、花鼓戏专题片、演出视频、黄梅戏演出视频等有序在各部分展出；展览尾声部分还专设戏台形式的视听体验区，不间断播放黄梅戏、泗州戏、花鼓戏、徽剧等演出视频，

以满足不同观众的参观需求。

三、展览的特点和思考

"皖乐徽声——安徽音乐戏曲文物展"是国家大剧院"中国古代音乐文物系列"的第十一回展，相比以往的展览，呈现出以下几个特点：第一，展览结构中两个单元的划分各自从音乐、戏曲的角度将文物、展品组织起来，不同于以往展览同一时期往往音乐、舞蹈、戏曲各种艺术形式杂糅在一起的情况，安徽展从时代上划分，从展陈内容筹备等方面，基本实现了音乐与戏曲的并重。第二，在内容和形式设计上均着力凸显安徽地域和文化特色，特别是展览的第二部分，与徽文化相关的及与戏曲有关的元素，一定要在展览内容中体现，与徽文化建筑、安徽地貌、自然环境、风土人情相关的部分则酌情在展览设计中运用，更好地营造展厅的氛围。第三，展览的内容、展品的选取一定要突出重点，体现在两个方面，首先是第一部分傩戏单元，在傩戏展示内容的讨论中，特意选取了一些大家耳熟能详的经典故事。其中，包拯也就是"包公"的故事尤为引人注目，包公主要活动的区域虽然是河南开封，但他是安徽人，包公及其家族墓也在安徽合肥。包公的故事在我国流传甚广，可谓妇孺皆知，展览中通过傩戏将包公的故事再度演绎，令人印象深刻。其次在戏曲单元，考虑到安徽丰富的戏曲资源与有限的展示空间之间的矛盾，在内容方面优先展出彰显徽俗、徽文化特点的剧

图五　徐扬《盛世滋生图》（局部）

种及历史现象，反映安徽因地理特殊与各地文化交流融合产生的剧种，以及最为观众熟知、影响力大的剧种或剧目。其余的剧种则以音视频、图表的方式来展示。在梳理展览内容、遴选剧种剧目的过程中，策展团队花费了大量的时间和精力，咨询专家、院团，联系各博物馆，精心打磨展览结构与内容，呈现出一个前所未有的安徽音乐戏曲文物展。展览梳理了安徽地区主要的音乐与戏曲文化情况、文物收藏情况，特别是展览大纲、展陈形式的处理，对于今后此类地区性表演艺术文物、文化展览策划与实施思路提供了参考。

在展览立意之初，策展团队曾对音乐文物与戏曲文物之定义与范围产生过较大争论，从目前学术界研究成果来看，两系尚有一些交叉点无法完全厘清，且各自学科的建设方兴未艾，期待这些疑问能在日后随着更丰富资料的发现和研究的深入而解决。由于展览为首次推出安徽音、戏文物专题展，策划、实施过程中难免有疏漏之处，望方家不吝指正。

---

① 刘文峰：《中国戏曲文化史》，中国戏剧出版社，2004年，第78页。

② 陈琪、张小平、章望南：《徽州古戏台》，辽宁人民出版社，2002年，第98—99页。

（作者单位：国家大剧院艺术品部）

讲好文物故事，展示亮丽古建

——北京文博交流馆基本陈列改造项目的思索与实践

杨　薇

北京文博交流馆成立于1992年，是一座以促进文博发展、开展民间收藏展示、举办文化活动和促进各博物馆间文博信息交流为宗旨的综合性博物馆。其馆址为原智化寺，该寺始建于明正统九年（1444），是明英宗宠信的司礼监太监王振所建，繁盛时期占地两万余平方米，为皇城东部一座大型寺院。整体寺院布局严谨、规模宏大，是北京市内保存较完整的明代木结构建筑群，1961年被确定为首批全国重点文物保护单位。在寺中传承的京音乐被誉为"中国古乐活化石"，2006年列入国家级非物质文化遗产名录。因北京文博交流馆（以下简称"文博馆"）融合了古建和古乐两大文化资源，应该深入挖掘，展现其文化内涵。从2017年6月至2018年1月，经过多半年的紧张施工，我馆完成了基本陈列改造和电力增容及更换电缆两项工程，重新对外开放。改陈之后的文博馆提升了展览品质，改善了参观环境，特别是增加了夜间照明，做到了"让文物讲故事，让古建筑亮起来"，也给观众带来了全新的参观体验。本文将分享我馆改陈中的具体实践和一些思考，为古建遗址类博物馆的展览改陈工作提供一些思路。

一、展览改陈的背景

近十年来，随着时代的发展和观众需求的变化，文博馆展览内容和展览方式显得比较陈旧，展示的手段落后、信息量不足，且多处展示背景墙和展板出现了老化变形的情况，急需对现有的基本陈列进行改造。文博馆的这次基本陈列改造，是以习近平总书记关于文物保护工作的重要讲话精神为指导，旨在通过改陈工程，以智化寺文物古建为基础，创新展览展示方式，更新展览展示内容，通过文物讲好本馆历史文化故事，将智化寺古建筑、智化寺京音乐等历史文化以全新的方式展现给观众，促进博物馆展陈环境质量、文化含量的双重提升，弘扬中国传统文化，吸引公众来馆参观。本次改陈始终坚持问题导向，通过这次改陈，我们扩大了开放空间，延长了展线，增加了服务设施，也锻炼了业务队伍。做到了以下几点：一是让观众进到博物馆来，"走到哪儿看到哪儿，看到哪儿讲到哪儿"；二是将以前观众看不到的文物，尽可能地让观众"看得到、看得更清楚"；三是观众"看得见"的文物尽可能地让观众"看得懂"，观众提出的问题，尽可能在这次展览中找到答案。

二、展览改陈的前期准备

（一）梳理文化资源，总结三大看点

在改陈之前，馆领导和业务人员认真梳理本馆的文化资源，总结出文博

馆的三大看点，即：观众来到文博馆可以欣赏不同凡响的明代建筑、聆听空灵神秘的京音乐和体验丰富多彩的文化活动，基于以上三大看点更新展览的内容设计，突出我馆的历史文化特色。

（二）广泛交流学习，不断开阔视野

为了开展好本次固定陈列改造工作，我馆业务人员邀请博物馆界、高等院校的知名专家、学者解读智化寺的历史文化；与清华大学、中央美术学院、北京工业大学等知名高校合作，探讨馆校合作模式，加深对本馆文化资源的研究；参加由中国人民大学、芝加哥大学北京中心主办的"北京智化寺：重建历史与展望未来"研讨会，不断开阔研究视野；到已经完成基本陈列改造的局属博物馆实地参观学习，开展讨论，借鉴他馆成功经验等方式进行不断的交流学习。这些积累都在随后开展的工作中发挥了重要作用。

（三）整理观众留言，了解观众需求

观众是博物馆服务的对象，他们提出的问题在改陈中必须着重考虑。改陈前，我们认真整理了观众留言簿，总结出展厅内灯光照明不够、展览解读内容太少、希望体验京音乐乐器敲击等中外观众反映相对集中的问题，作为改陈的重点。

（四）完成展厅清理，做好文物保护

在基本陈列施工开始之前，我馆文物保管员对所有展厅的文物进行清点整理，运回文物库房妥善保存，确保文物安全。此次改陈是在智化寺古建筑内部进行，文物安全必须摆在首位，在施工队进场之前，施工单位专门研究制定了古建筑和文物的保护方案，进场后严格实施，对古建筑内部的柱子、门槛、门框进行了封护，尤其对转轮藏、殿内佛像等进行了重点保护。通过适当的方法解决了在古建中进行展览施工的一些难题，确保了在整个施工阶段对原有建筑和殿内佛像的"零伤害"（图一）。

图一 施工前对如来殿内佛像进行保护

三、展览改陈的内容

此次基本陈列改造在不破坏智化寺古建筑原状的前提下，提升展览的文化内涵，丰富展览的形式，开辟临时展厅，增加古建筑室内外灯光照明，营造适宜的博物馆参观环境，同时增加多媒体技术的运用，增强观众的参观体验感。这样更有助于观众了解智化寺历史文化，让观众看不见的文化元素得以体现，看得见的文化元素有更深入的了解，并做到"讲好故事，言之有物"，真正让观众喜爱博物馆，走进博物馆，感受博物馆的文化魅力。

（一）丰富陈列展览，展现多年的科研成果

这次改陈建立在深入研究本馆文化资源的基础上，业务人员将近十年来对智化寺历史文化的研究成果转化为展览内容，避免使用晦涩难懂的专业术语，追求简洁的形式设计，邀请专家进行内容把关，不断修改展览大纲，力求通过有内涵、有品位的文化展览来解读智化寺的历史与文化，可以说陈列展览是对科研成果的集中展示。此次改陈，我馆开辟了钟鼓楼、智化门、智化殿、藏殿、大智殿、如来殿等展厅，共推出六个基本展览和一个原状陈列展，并将大悲堂作为博物馆的文化交流活动厅，丰富了展览内容，更好地解读本馆文化资源。

1. 钟楼展厅："明式钟鼓 寓意深远——智化寺钟鼓展"

钟鼓楼一层在改陈之前作为我馆库房，并没有对外开放。本次改陈为了扩大展线，对钟鼓楼墙面进行了维修、维护，地面增设了塑木地板，柱础部位采用透明玻璃和灯光处理之后，将多年未对外接待参观的钟鼓楼一层向观众开放，钟鼓楼二层考虑到上下楼的楼梯坡度较陡，暂时没有对外开放。

在钟楼展厅内设置"智化寺钟鼓文化展"（图二），向观众展示智化寺明代铜钟和龙纹大鼓，重点对铜钟梵文、铜钟结构和龙纹大鼓的鼓身纹样进行了解读，让大家了解智化寺明式钟鼓所包含的文化符号，展现古代工匠技艺的高超；同时通过灯光透视让观众看见钟楼二层的明代铜钟（图三），我们录制了撞击铜钟时发出的声音，通过红外感应技术让观众听到真实的钟声。在铜钟正下方的展厅中部，有一组智化寺全盛时期的铜雕模型，该模型按照《北平研究院北平庙宇调查资料汇编（内一区卷）》一书中所测绘的智化寺平面图制作而成，雕刻细致，具有历史厚重感。

2. 智化门展厅："智化寺故事——智化寺历史沿革展"

智化门是集合了智化寺历史沿革展、咨询服务中心和京音乐视频展示的综合性展厅，在展厅正中的多媒体大屏中滚动播放智化寺京音乐宣传片，吸引观众走进展厅了解京音乐的历史，并参观历史沿革展览。展厅东侧为咨询服务中心，在本次改陈中增加了许多具有实

图二 钟楼展厅内的"智化寺钟鼓文化展"

图三 透过格栅可见二层铜钟

用功能的服务设施，如共享充电宝设备、多国语言的语音导览等，并开发了智化寺专属手机APP作为博物馆的导览工具，让观众在参观之前就对智化寺有比较深入的了解，增强到现场参观的欲望，同时方便观众下载保存，便于随时查阅。

在改陈中，我们将咨询服务中心的背漆玻璃替换为免漆板，消除了安全隐患，在背板上标志出金莲花馆标和我馆中英文名称，整体设计简洁大气。展厅西侧为"智化寺故事展"，介绍与智化寺相关的重要历史事件。在展板颜色的选取上以黑色铺底，强化北京有座黑色屋顶的明代寺庙——智化寺，咨询服务中心背板的颜色与历史沿革展展板颜色相同，左右对称，色调统一（图四）。

3. 藏殿展厅："奇工巧匠·艺术瑰宝——藏殿文化艺术展"

在藏殿展厅内陈列着一具明代转轮藏，它以布局设计的独具匠心、雕刻彩绘的精美华丽而著称，充分体现出奇工

图四　智化门展厅的"智化寺故事"展览
及咨询服务中心

巧匠的高超技艺，是我国古建筑的艺术瑰宝。因此，该展厅突出了转轮藏的主要地位，两侧的展板在不干扰主体视线的情况下对藏殿蕴含的文化信息进行说明。藏殿是集合了智化寺诸多古建精品的展厅，"藏殿文化艺术展"分为"设计巧妙　构思独特""华美藻井　巧夺天工"和"彩绘佛像　端庄典雅"三个部分，介绍了转轮藏汉白玉须弥座、千字文索引、六拏具题材，展现出转轮藏的细部结构以及转轮藏上所承载的历史文化信息，并对智化寺美轮美奂的藻井和含义深刻的天花彩画进行了解读。

应观众需求，为更好地展示殿内精美的文物，本次改陈中我馆使用了专业照明灯具对殿内的转轮藏及顶部精美的藻井进行灯光照明，效果显著，让展厅亮了起来，让观众看清了文物的细节（图五）。

4. 大智殿展厅（临时展厅）："馆藏精品弥足珍贵——北京文博交流馆精品文物展"

在改陈中，我们将此展厅开辟为博物馆临时展厅，对殿内原有的展柜、地面进行拆除，新增电动遥控式平开文物展柜，方便开启进行布展撤展工作，

也满足了文物展览的需求。在展厅门口设立屏风，既可作为标题板使用，又可遮挡西晒的自然光线对文物的破坏。今后，我馆计划与各博物馆和民间收藏爱好者联合办展，不定期推出文物精品展和民间收藏展。改陈完成后，大智殿展厅首期推出的是"北京文博交流馆馆藏文物精品展"。

5. 智化殿展厅："古乐传奇·余音绕梁——智化寺京音乐文化艺术展"

智化殿展厅分为前后两个部分，前部分为智化寺京音乐展。智化寺京音乐是珍贵的国家级非物质文化遗产，已经在智化寺内传承了570多年，至今仍原汁原味地保留着明代古乐的曲调和韵味。在智化殿"智化寺京音乐文化艺术展"中，介绍了京音乐流传经过、传承人、工尺谱、曲牌等内容，又有天津"泥人张"传人制作的泥塑乐僧演出塑像，使用矮平柜的形式展示出京音乐的乐谱、乐器等，同时增加了音乐欣赏、云锣谱曲等互动体验内容。此展厅还作为京音乐的演出场所，每天由京音乐传承人在殿内进行现场解说和音乐演奏。

展厅后部原状陈列着殿内三世佛，展厅西北角展示着原藏于鼓楼内的沥粉贴金的龙纹大鼓，后抱厦内为我馆的馆藏佛像展区，该处佛像体量普遍较大，改陈前零散地散落于展厅之中，改陈后我们将这些佛像进行集中展示，并与三世佛背后的地藏菩萨与冥府十王壁画共同构成一个展览体系。

图五　改造后的藏殿展厅

图六 "智化寺建筑展"展区

6. 如来殿东侧室外展区："古建解码 营造之美——智化寺建筑展"

古建筑是智化寺重要的文化资源，我馆充分利用如来殿东侧围墙的空间，制作了13块总长达30米的金属板展墙，打造出"智化寺建筑展"（图六）。展览内容以古建线描图的展出方式为主，同时配合适当的文字说明，介绍了智化寺的整体布局、梁架结构、斗拱支撑、屋顶形制和旋子彩画等内容，并通过与宋元明清建筑的对比，解开智化寺的"古建密码"，让观众体味古建筑的营造之美。该展览使用的展架与古建围墙保持了一定的距离，在提供展示的同时，也起到了保护建筑墙面的作用。

7. 如来殿、万佛阁展厅："明承宋制 宝殿楼阁——如来殿原状陈列展"

如来殿、万佛阁为同一建筑，但一底一楼，名称各异，它们是智化寺内体量最大、等级最高、最为精美、保存最为完整的殿堂，因此我们重点解决了殿内佛像和周围佛龛的灯光照明问题，最大限度地采取了原状陈列的方式进行展出，让观众朋友们欣赏到原汁原味明代古建筑和佛造像。为了保障观众的安全，二层万佛阁暂不对外开放，但我们在一层如来殿西侧过道安装了投影仪和活门屏风，将屏风作为投影布，播放以观众视角拍摄的从一层至二层的实景参观巡游录像，弥补观众不能登临二层的遗憾。

8. 博物馆文化交流活动厅

本次改陈将最后一进院落的主体建筑——大悲堂，开辟为博物馆文化交流活动厅，在展厅中央设立小舞台，加装高清投影和音响设备，观众可以在这里参加文化讲座、参与各种形式的文化体验活动、欣赏不同种类的音乐演出。此外，在本次改陈中，大悲堂拆除了原有的现代化吊顶，露出明代天花彩绘和格栅，展现出明代建筑原貌。

（二）增加互动活动，实现观众的亲身参与

本次改陈新增了一些互动体验，通过这些互动活动拉近了博物馆与观众的距离。例如应观众"希望能亲手体验一下京音乐的乐器演奏"的需求，我馆在智化殿内开发了"京音乐互动体验"的触摸屏（图七），包含了"云锣体验""京音乐欣赏"和"乐器与音色体验"三部分。其中的"云锣体验"板块介绍了我国传统打击乐器——云锣的基本知识，并在屏幕中展示出一面智化寺京音乐所使用的十面云锣图形，在每面云锣上同时标注出工尺谱和简谱对照，同时标明对应音高，观众通过点击电子屏幕，即能体验到清脆悦耳的云锣带来的演奏效果。"京音乐欣赏"板块则录制了《喜秋风》《清江引》《醉太平》等京音乐的经典曲目，方便观众随时进行京音乐的欣赏。"乐器与音色体验"板块则录制了演奏京音乐的笙、管、笛、锣、鼓、铙、钹等乐器的声音，点击乐

图七 "京音乐互动体验"的触摸屏

器图案即可聆听相应的声音，感受古典器乐之美。

（三）利用多媒体技术，带来全新的视听体验

近年来，多媒体技术在博物馆中的应用越来越普遍，文博馆基本陈列改造工程中使用了LED电子显示屏、触摸屏、巡游影像等多媒体技术对展览内容进行更进一步的解读。

文博馆中一些精美的文物，如转轮藏、壁画等，出于文物保护的目的，无法让观众近距离观赏，但是可以通过多媒体技术让观众看到更为清晰的文物细节。在本次改陈中，我馆将原有的两台触摸屏设置在智化殿后抱厦明代壁画的两侧，方便观众查看到壁画的细部图案。另外添置了三台触摸屏，分别放置于藏殿、智化殿和如来殿内，触摸屏中详细的文字说明可以对展览内容进行更为详细的解读。

在这些多媒体体验中，特别值得一提的是通过高清扫描照片展示智化殿藻井的触摸屏。在智化殿展厅三世佛的上方原有一具精美的斗八藻井，可惜在20世纪30年代时流失美国，现保存在美国费城艺术博物馆。改陈过程中，我们在殿内增加了展示智化殿藻井全景影像的触摸屏，与费城艺术博物馆开展科研合作，将外方提供的藻井高清扫描照片放入触摸屏中，观众可以手动将藻井进行360度的旋转、放大，观看藻井上的雕刻及天空楼阁的细节，一定程度上弥补了蟠龙藻井流失海外的遗憾。

此外，我馆还积极探索新途径来展现馆内文化内涵。因我馆是古建遗址类博物馆，出于保护古建和保证观众安全的目的，部分殿堂无法常年对观众开放。本次改陈过程中，智化寺第三进院落的万佛阁二层暂不对观众开放，为了满足了大家参观万佛阁的愿望，我们特意录制万佛阁巡游影片（图八），力求展现万佛阁的建筑美、意境美，并通过

大型投影仪在一层如来殿西侧过道内进行循环播放，让观众通过多媒体巡游的方式模拟参观二层万佛阁，一经推出反响良好。

（四）开发文创产品，满足观众的文化需求

借助本次改陈，我馆完成了新一批文创产品的开发，生产了两款藻井雨伞、如来殿天花丝巾、古建筑外观纪念章、工尺谱茶具套装、京音乐文具套装、"敕赐"帆布袋等文创产品，并设计"敕赐智化寺"的文创产品logo，标注在所有文创产品及外包装上。这些文创产品由于造型美观、制作精良、设计巧妙、实用性强、价格合理、博物馆文化气息浓郁，受到了观众的喜爱。

（五）提升服务设施，打造舒心的参观环境

为了给观众提供良好的参观体验，我们精心改善服务设施，打造舒心的参观环境。第一，增加了必要的中英双语游览指示牌。因为智化寺古建筑转角处较多，在可以继续参观、需要特别关注的各个节点设置不同层次的指示牌，方便引导观众更好地参观。第二，利用树坛增设供观众休息的座椅，充分利用馆内空间，努力提供了更多的休息区。第三，提供了自动储物柜，方便观众寄存小件行李，轻便参观。第四，对售票厅进行翻新改造，将售票台调整到最为合理的高度，并将馆内推出的各种优惠政策在售票处进行展示。第五，开展智化寺围墙粉饰工程，并配合街道开展的环

图八　万佛阁巡游影片

境整治工作，保持智化寺周边环境的整洁，注重馆容馆貌的维护。第六，按照国际标准重修户外无障碍通道，同时提供轮椅等服务设施，满足特殊接待的参观需求。

四、展览改陈的亮点

（一）将智化寺古建筑群作为镇馆之宝进行整体性解读

智化寺具有非常深厚的历史文化价值和文物研究价值。这次展览改陈中，我馆将智化寺古建筑群作为镇馆之宝进行整体性解读，通过展览、互动、APP等手段把智化寺的历史文化清晰、生动地展示给观众，真正"让文物活起来"。

（二）体现文博交流的职能，让文化体验丰富起来

在本次改陈中，为了我馆充分发挥文博交流的职能，专门开辟了临时展厅，方便与其他博物馆和民间文物收藏家进行交流，展出博物馆精品文物和民间收藏展品，共同展示中国优秀的传统文化。文博活动交流厅的利用频率也将增加，通过开展科普活动、音乐展演、知识讲座等多种互动体验活动，丰富观众的参观内容。

（三）通过灯光照明的改造，让明代古建亮丽起来

文博馆是以智化寺为馆址的古建遗址类博物馆，让古建亮起来首先要考虑的是保障文物古建安全。因此，我馆首先进行了电增容和更换电缆的工程项目，确保足够的用电负荷，消除了安全隐患，为博物馆夜间照明提供了保障。

1.增加博物馆展厅室内照明，体现古建细节，展示文物之美

本次改陈项目遵照"在保护文物的前提下，在古建筑内部营造适宜的参观环境；让智化寺看不见的文化元素得以体现，看得见的文化元素了解得更加透彻"的原则，针对原来展厅内佛像及设施受光面被日光直射，背光面灯光补充不足的现状，改善展厅内的灯光照明条件。我馆选择了红外辐射和紫外辐射较低的光源，在业务人员与灯光设计师反复探讨后，就如何对室内照明强度、照明时间进行把控，最大限度地减少由于不当的灯光照明对文物的损害等问题，最终确定了展厅照明方案。通过本次改陈，我馆主要展厅均使用了符合博物馆规范的照明灯具，达到了预期的灯光照明效果。

钟鼓楼：在钟鼓楼室内柱础的位置增加了透明的玻璃效果，加装灯具，使柱础亮了起来。

藏殿：顶部藻井与佛像一直处在光线照不到的夹角，转轮藏顶部是凹凸起伏的莲花造型，灯具无法固定。这次专门设计了能旋转任意角度的三角架，支撑在顶部，较好地解决了问题。同时，在转轮藏的后侧通道设置灯架，尽可能在不影响视觉又保障安全的情况下解决转轮藏上方的照明。通过对转轮藏本体的灯光照明，突出了转轮藏的细部特征（图九）。

智化殿：该展厅展出的内容十分丰富，为了满足不同区域的照明需求，我们采取了分级处理的方式。在展厅入口东西两侧靠窗的韦陀菩萨和伽蓝菩萨，一直为阳光直接照射，这次改陈，通过增加木质挡板，较好地阻挡了直射阳光对文物的照射。利用灯光打亮殿内的三世佛，并在佛像背光处增加射灯，勾勒出佛像的整体轮廓（图一○）。三世佛背后的明代壁画采用了低照度的LED洗墙

图九 转轮藏顶部的灯光照明效果图

灯，由值守人员直接控制开关。殿内其他七尊佛像则移动到后抱厦内保存，采取了微光灯具照明技术，将照明亮度调至灯具最低亮度10%，值得一提的是，此处采用感应式自动灯光处理，减少了对佛像的光污染。同时，增加了对殿内顶部明式斗拱的照明设计，展现出古建筑之美。

如来殿：由于殿内空间比较高大，施工中难度最大的是展厅内如来佛和两胁侍的照明，经几次测试，克服了重重困难，最终选用了专业灯具，达到了预期效果（图一一）。同时注重现代灯具和古建筑的分隔处理，将照明设备固定在不易察觉之处，且尽量与古建筑保持距离，力求在增加展厅灯光照明的同时，保护古建筑的整体性。

2．增加博物馆室外夜间照明，展现古建魅力，开展文化活动

（1）古建正立面洗墙灯的照明设计

在未采用照明之前，古建筑到晚上都暗淡无光，增加室外夜间照明之后，通过在古建筑前加装了节能环保的LED

图一○　智化殿三世佛灯光照明效果

图一一　如来殿灯光照明

洗墙灯，让古建筑的正立面亮了起来，使得智化寺的夜景照明成为了本次改陈中的亮点，也为开展夜晚游览博物馆做好了准备（图一二）。今后，我们将不定期开设"博物馆之夜"的专场参观体验活动，邀请各领域的专家对智化寺进行全方位、多角度的解读，让观众体验"博物馆奇妙夜"。

（2）博物馆路灯照明设计

我馆路灯的改造方案也是本次改陈的内容之一，在改陈之前，我馆使用的是仿古式宫灯进行夜间照明，由于其照度不够，使夜晚的博物馆过于昏暗，微弱的灯光使得摄像头捕捉不到影像，夜间巡视时视线不清，给博物馆带来了安全隐患。本次改陈，工作人员首先到故宫、天坛、孔庙等古建单位进行实地考察，然后按照我馆的需求确定路灯的走向分布，做到既能提供照明，又不妨碍参观。第三，选用黄色LED灯光进行照明，光线柔和，经济环保。第四，挑选样式，对路灯中过于现代的部分加以修改，加设踢脚灯，并融入古建筑的纹饰和我馆的金莲花馆标，最终设计出与古建环境相匹配、外观简洁大方，又体现着我馆的文化特色的路灯照明系统（图一三）。

（四）注重保护古建原状，减少现代设施的干扰

本次改陈中，我们注重保护古建筑原状，减少现代化设施的干扰。首先是拆除了一些有碍观瞻的、过于现代化的围护，重新设计了仿古的围栏，如对转轮藏围护的选择上，我们采用坡台加软围挡的形式进行围护（图一四），软围挡图案就取材于转轮藏石质须弥座上的佛八宝图案，就地取材，与藏殿整体氛围和谐统一。其次，拆除了古建筑内的吊顶和遮挡。智化殿和万佛阁的藻井由于历史原因流失海外，改陈之前，智化殿在天花板上展示出藻井的图片，如来殿原陈设藻井的部位则以木板遮挡。本

图一二　古建正立面增加LED洗墙灯的照明效果

次改陈，我们拆除了遮挡，露出古建筑顶部梁架，展示古代工匠的营造之美。与此同时，每当观众进入展厅，抬头看到裸露的屋顶梁架时，在感慨文物散佚的同时，也可以唤起大家对文物的保护意识。此外，大悲堂展厅也拆除了殿内原有的现代化吊顶，露出顶部明代天花和隔扇，更显古意盎然（图一五）。

五、改陈的经验总结

（一）汇聚众人智慧，促使展览成功

展览是一个群策群力的工程，需要博物馆工作人员与展览公司、施工单位等多方通力配合。我馆业务研究团队成

图一三　博物馆路灯照明设计

员年轻，队伍整齐，我们充分发挥青年人的优势，大胆尝试，刻苦钻研，撰写展览大纲，设计多媒体互动环节，同时学习他馆经验，听取专家意见，并与在古建筑遗址内有多年策展经验的展览公司和施工单位精诚合作。博物馆业务人员把控展览内容，展览设计公司注重表现形式，施工单位保证工程质量，三者的通力合作，最终实现了改陈的初衷。

（二）听取专家意见，调整改陈方案

文博馆的这次改陈，邀请了文博、

图一四　转轮藏的围护

图一五　露出明代天花的大悲堂

古建筑、舞美设计等各领域的专家、高等院校的教授与我馆业务人员和展览公司共同商讨改陈方案，从头到尾有一个很好的、相对固定的专家团队，这样使我们开展的咨询内容具有了连贯性、专业性和权威性，根据专家意见，我们不断调整方案，最终圆满地完成改陈工程。

（三）加大宣传力度，吸引观众参观

文博馆虽然距离东二环仅仅二百米，但是由于隐藏于胡同深处，使得这座博物馆颇有"大隐隐于市"的感觉。因此，在文博馆固定陈列升级改造之后，我们采用了全方位的宣传模式，注重平面媒体和立体媒体综合运用，既有利用报纸、电视、广播、网络等传统媒体进行的宣传，又采用手机APP、微信公众号、官方直播、微博等自媒体进行宣传，以期吸引更多的观众走进博物馆。

在本次改陈中，我们还整饬了文博馆围墙外宣传栏，公开信息，亮明身份。在宣传栏中介绍智化寺的建筑布局、主要看点和参观导航，让大家提前了解博物馆的参观路线和主要看点；通过张贴展览、讲座、文化活动的海报，方便大众了解我馆的最新活动，及时走进博物馆参观。

（四）倾听观众意见，打造服务型博物馆

这次展览改造本着两条原则，第一，观众提出的问题就是博物馆应该研究和解决的问题；第二，博物馆是公共文化空间，我们应该给观众提供更良好的参观环境和参观条件，观众的服务需求就是博物馆人的服务职责。如：在展厅中的展架将展板固定到观众目力所及的最舒适的位置，展板尽量使用深色系，与古建本体形成对比，将低调的展示和高调的文物本体在有限的空间内形成一种兼容，带来良好的视觉观感。

（五）合理安排进度，重视安全施工

在施工前，我馆对全体人员进行安全教育，强调安全意识，强调文保意识，并且定期进行安全强化，将"安全施工"放在首位，所以整个施工阶段没有出现安全事故；施工方本着"验收完毕不是终点"的原则，在施工的过程中，有意识地严控各道工序质量。在现场施工，严格做好各项检查工作，经多方认可签字后，再进行下一步工序的操作，杜绝安全隐患。防火措施到位，严格执行消防管理制度，现场动用明火必须办理审批手续，并有专人看火、监护。施工资料完备，做到"随做随签，不找后账"。到项目验收阶段，已整理出完备的工程资料。施工单位根据实际情况及时调整施工进度，采取相关措施，确保按时完成工作。施工中对馆内不可移动的文物进行有效的遮挡，把可能产生的粉尘污染、噪音污染降到最低。坚持每天施工完毕清扫垃圾并运出现场处理。

六、结语

文博馆的这次基本陈列改造坚持对文物本体最小干预的原则，将文物保护放在第一位，在保证智化寺古建筑及文物安全的同时，满足了公众日益增长的文化生活需要。改陈突出了博物馆概念，让观众有看点；拓展了博物馆的视野，让观众看得到；挖掘了博物馆故事，让观众看得懂；改善了博物馆环境，接待服务水平明显提升。文博馆通过此次展陈改造，让观众来到博物馆内有文物可看、有音乐可听，有风景可赏，对古建类博物馆的展览改造、灯光照明进行了有益的探索。改陈结束之后，我们继续认真梳理改陈经过，记录改陈思路，进一步加深对文物本体的研究，加快科研成果转化，为策划出更多更好的展览提供经验借鉴。

通过这次改陈，文博馆整体展览水平和为观众服务水平有了长足进展，我们

在今后会继续完善博物馆服务，希望每一位走进文博馆的观众朋友都可以欣赏到智化寺古建筑的营造之美，领略到智化寺京音乐的清音雅韵，体味到中华文明的博大精深和华夏先民的无限智慧。

（作者单位：北京文博交流馆）